AF466868

SERVICE D'INFORMATION

7, Rue de Madrid, 7

PARIS

CORRESPONDANCES DE L'ÉTRANGER

N° 5

ALLEMAGNE

SITUATION ÉCONOMIQUE EN MAI 1919

LES INDUSTRIES MÉTALLURGIQUES ET MINIÈRES

Notre correspondant de Zurich nous écrit à la date du 10 juin 1919 :

Les conditions du traité de paix ont, en mai 1919, absorbé toute l'attention des milieux économiques. La grande presse métallurgique s'est attachée à l'examen du problème, oubliant toute autre préoccupation.

Il est extrêmement caractéristique pour la mentalité allemande, telle qu'elle est apparue depuis l'écroulement militaire et économique de l'Allemagne, qu'aucun journal politique ou industriel n'ait tenté d'entamer une discussion sérieuse sur les conditions de paix et de rechercher la portée effective des exigences de l'Entente.

Les clameurs et les imprécations que suggère aux organes de la grande industrie rhénane-westphalienne, le soi-disant « asservissement » de l'Allemagne ne cessent pas d'être étranges quand l'on songe qu'en 1917, c'est dans ces milieux précisément qu'on avait élaboré le projet de morceler la France en lui arrachant les territoires situés au-delà d'une ligne droite allant de Marseille à Calais, que c'est à leur instigation que les régions industrielles du Nord ont été pillées, ravagées, et que c'est à seule fin d'annihiler pour des années toute concurrence étrangère, que la guerre économique et industrielle fut poussée avec pareil acharnement.

Que doit-on retenir de ce flot d'affirmations plus ou moins erronées, de ces imprécations proférées à l'égard de la France et de l'Angleterre?

Le sous-secrétaire d'État von Braun écrit le 25 mai dans la *Deutsche Allgemeine Zeitung* :

« Le projet de traité tout entier paraît absurde dès l'abord, parce qu'il empêche sciemment ce qu'il veut obtenir et qu'il est contraire aux intérêts économiques même de la France, qui est le pays que la guerre a le plus éprouvé. Mais il ne s'agit pas en l'occurence de faire la paix au profit du peuple français, mais de se venger ; le but que l'on vise est l'écrasement définitif de l'Allemagne. Si Clemenceau a empêché la publication des conditions de paix en France, c'est pour que le peuple ne soit pas trop tôt éclairé sur ses desseins. Ce qu'il se propose, c'est non pas tant de dédommager le peuple des souffrances et des ruines que lui a values la guerre que de consommer la ruine non seulement politique et économique, mais aussi physiologique du peuple allemand, de telle sorte qu'au point de vue de la production et du chiffre de la population, il ne puisse plus être supérieur au peuple français. C'est pourquoi aucun homme d'état allemand ne saurait se rendre complice de ce crime en signant le traité. Le peuple allemand, confiant dans les quatorze points du Président Wilson, a mis bas les armes, et il a accepté ces principes comme base de la paix future. Mais les stipulations du traité de paix sont justement la négation de ces principes ».

La presse politique et économique allemande se garde bien d'ajouter que la France, en dépit des conditions de paix, reste gravement atteinte dans ses forces vives, tant industrielles que financières et ne récupère pas même le montant de ses dépenses de guerre. Il semble cependant qu'une nouvelle tendance, peu à peu, s'affirme parmi la population, laquelle s'efforce de se représenter avec plus d'objectivité l'étendue des maux engendrés par la guerre et dont Ludendorff et les grands industriels ne portent pas la moindre responsabilité.

Helfferich.

Parmi ceux qui s'élèvent contre l'acceptation des conditions de paix, l'un des plus remuants est sans conteste Helfferich, qui fut Ministre des Finances, puis Vice-Chancelier d'Empire, jadis directeur de la « Deutsche Bank », et qui, avec Rohrbach, est le mieux renseigné sur les questions d'Orient : il fut l'un des plus chauds promoteurs des entreprises économiques de l'Allemagne dans les Balkans et de la construction du chemin de fer de Bagdad. Helfferich s'est exprimé ainsi sur la question du traité de paix :

« C'est seulement après la signature du traité de paix que se feront sentir dans toute leur étendue les conséquences de cet infâme système de guerre économique qu'a imaginé l'Angleterre. Nos ennemis, bien loin de songer simplement à nous effrayer par le projet de paix pour se donner ensuite l'auréole d'une magnanimité glorieuse, prennent les choses fort au sérieux. Ils exigeront que les conditions soient exécutées à la lettre et entrent dans la voie des récupérations en mettant la main sur les capitaux allemands privés qui leur sont accessibles. Par contre, nous devons nous engager à restituer ou à payer les biens ennemis que nous avions liquidés par représailles.

» Même si nous devions en arriver au collectivisme et nous approprier les richesses publiques sans donner de dédommagement, il n'en reste pas moins que nous devrons payer en entier les propriétés ennemies que nous avions confisquées, dans des cas de légitime défense. Il n'est pas jusqu'aux blessés et aux familles des tués que nous ne devions entretenir. Dernburg a évalué à 10 milliards de marks les dépenses annuelles qu'entraîne cette clause à elle seule. Et cela ne suffit pas. La somme devant être capitalisée, cette obligation représenterait pour l'Allemagne le paiement d'une somme de 200 milliards. C'est presque la totalité de la fortune publique d'avant-guerre ».

Helfferich s'en prend également aux pouvoirs de la « Commission des réparations ». Ils sont, à l'en croire, scandaleux :

« L'ampleur des pouvoirs départis à la Commission n'est rien moins que monstrueuse. L'Assemblée Nationale et le Reichstag n'ont qu'à plier bagages si la Commission doit fixer le taux de notre contribution et des expropriations. Il ne nous reste plus aucune possibilité d'achat sur les marchés extérieurs, car notre actif et notre bilan commercial ont disparu. Nos ennemis se chargent d'assurer la transition de notre vie économique. Ils n'assureront rien d'autre que son passage de la vie à la mort.

» Nous n'avons aucun espoir d'arriver à reconstituer notre commerce. Nous deviendrions tous, tant que nous sommes, les hommes de peine de l'Entente. L'acceptation des quatorze points du Président Wilson a été la base même de l'armistice et de la paix. Dans le traité qui nous est soumis, pas une clause qui ne s'accorde avec l'un quelconque de ces points. Le droit est de notre côté, mais les autres ont la force. Si nous nous inclinons, si nous ne mettons pas tout notre effort à remonter le courant, c'en est fait de nous ».

L'homme de confiance des grands financiers et des grands industriels de la région rhénane-wesphalienne s'est complu à émettre les assertions suivantes, d'ordre purement politique :

« La France n'est pas entrée en guerre, poussée par le seul désir d'une revanche. L'empereur Charles, dans la lettre qu'il adressa à son beau-frère, Sixte de Parme (la lettre est authentique, bien qu'on l'ait reniée en haut lieu pour des raisons tactiques), offrait à Poincaré la rétrocession de l'Alsace-Lorraine. Celui-ci répondit que c'était insuffisant et qu'il était obligé de réclamer en outre la rive gauche du Rhin et le bassin de la Sarre. Après que Lloyd George eut commencé par protester, l'Angleterre finit par donner son adhésion à ces exigences. Les conditions de paix ne sont donc pas le fruit de l'enivrement de la victoire, mais bien de réflexions dès longtemps mûries. Sur les 60 millions d'habitants qui subsistent en Allemagne, 20 millions vont être voués à la mort par la famine.

» Pas un homme d'État allemand n'a le droit de souscrire à une telle paix, car ce serait consacrer l'injustice, lui donner force de droit. Un nouveau gouvernement, serait-il dans une plus large mesure encore, le représentant de l'extrême-gauche serait obligé de refuser de signer. Advienne que pourra, mais dans de telles conditions, pas de signature. »

Tant que des personnalités aussi compromises trouveront à placer dans la grande presse allemande pareilles « vérités », peut-on songer à venir en aide à un peuple aussi dénué de tout sens politique supérieur? Certes, ils ne sont pas complètement dans l'erreur, ceux des neutres qui, ici et là, élèvent la voix et prétendent que derrière la nouvelle façade, les dirigeants de l'ancienne Allemagne continuent à tirer les ficelles.

Le point de vue de Naumann.

Frédéric Naumann, jadis chef du parti national-social, qui depuis plus de dix ans est à la remorque de l'impérialisme et qui, pendant la guerre, n'a cessé de témoigner à la France la plus grande hostilité, et de se répandre en propos injurieux, prend un ton conciliant dans son journal *l'Aide* :

« La plupart des Allemands, écrit il dans un article intitulé « Peuples voisins », ne voulaient pas être injustes envers les autres peuples. »

Les paroles conciliantes y abondent :

« Nous étions abusés, nous avons suivi notre ancien gouvernement, mais jamais nous n'avons ressenti à l'égard des autres peuples, cette haine violente, profonde dont on nous poursuit de toutes parts actuellement. D'après notre tempérament ethnique, nous ne saurions être que de bons voisins, dès que notre éducation sera orientée dans ce sens. Et il nous faudra bien l'être, sans quoi nous serions entourés de bêtes fauves. Il nous faut être prêts à collaborer avec les autres nations sur le pied d'une estime réciproque et de l'égalité des droits.

» Nous le proclamons bien haut et sans détours à l'heure où l'on s'apprête à nous déchirer, non pas seulement parce que nous tremblons devant le sort qu'on nous réserve, mais parce que la mentalité d'une humanité qui ne connaîtrait plus que la haine nous fait horreur. Nous voulons être de bons voisins, mais nous demandons aussi à être traités en voisins : chacun son dû. Nous reconnaissons le droit des peuples de disposer d'eux-mêmes ; faites de même. Nous déclarons renoncer à germaniser par la violence ; abandonnez, vous aussi, des procédés analogues. »

On fera bien de mesurer le degré de sincérité de déclarations de ce genre à la lumière des écrits antérieurs de ce chef du parti populaire, de ses articles parus dans *l'Aide* de 1914 à 1918, qui s'inspiraient de la politique du grand quartier général allemand, de ses ouvrages d'avant-guerre, parmi lesquels il convient de citer en première place « l'Économie politique de l'Allemagne nouvelle », et qui n'était autre qu'une profession de foi impérialiste; et enfin, de son « Mittel-Europa ».

Les projets financiers de l'Allemagne.

La *Gazette de Cologne* commente le plan qu'a préconisé le Dr Wilhelm, de Dresde, attaché à la délégation allemande de Versailles et qui consisterait à faire supporter par la Ligue des Nations toute la charge des dépenses de guerre. Ce plan vaut d'être mentionné, parce qu'il est caractéristique de la mentalité allemande. L'auteur de cette théorie prétend qu'il serait juste que l'humanité tout entière en assumât la charge. Les peuples qui non seulement n'ont pas apporté à la guerre leur tribut de sang, mais en ont retiré des bénéfices considérables, doivent prendre à leur charge les pertes pécuniaires de ceux qui, en outre, on fait tant de sacrifices sanglants. Cette opinion qui a également été émise en Italie mériterait de retenir l'attention de la France, bien que sa réalisation ne soit guère possible.

A l'égard des tendances séparatistes de la province rhénane, il y a lieu de citer le passage suivant :

« La mise à exécution de mon plan mettrait fin immédiatement à l'évasion de capitaux, aux velléités séparatistes de certaines provinces, car ce ne sont là que manifestations nées de la crainte des impôts et de la banqueroute financière. Si l'on donnait suite à notre projet, ni la fuite des capitaux, ni la séparation de l'Allemagne ne constituerait une bonne opération. »

L'examen de la situation financière de l'empire allemand telle que l'engendreront les conditions de paix a provoqué dans la presse et au Parlement, une discussion si passionnée, si éloignée d'une argumentation précise qu'il n'est pas possible pour l'instant d'en extraire quoi que ce soit de positif.

Production de fer en avril 1919.

Les chiffres de la production du fer et de l'acier pour avril 1919 ont été publiés le 23 mai. La diminution de la production s'affirme toujours davantage. Il suffit, pour s'en convaincre, de jeter un coup d'œil sur le tableau ci-dessous établi par l'Union des industriels du fer et de l'acier, et qui donne les chiffres de la production de 1914 à 1919 pour les mois de janvier à avril.

	1914	1915	1916	1917	1918	1919
	—	—	—	—	—	—
Janvier	1.566.505	874.133	1.078.368	1.082.797	933.570	501.208
Février	1.445.511	803.623	1.036.683	943.547	802.788	469.209
Mars.	1.602.896	938.438	1.114.194	1.104.653	1.039.092	545.939
Avril	1.534.429	938.679	1.073.706	1.131.620	1.084.601	434.328

La production quotidienne a été de 14.477 tonnes, contre 17.611 tonnes en mars, 16.757 tonnes en février et 16.168 tonnes en janvier.

« Ainsi, écrit la *Gazette de Cologne*, la légère amélioration qui s'était fait sentir en mars a été suivie d'une nouvelle et sérieuse diminution qui a pour cause les grandes grèves d'avril. Les chiffres ci-dessus révèlent trop clairement les blessures profondes qu'a portées à la vie économique allemande l'acharnement insensé des ouvriers. »

Amélioration de la situation.

La *Gazette de Cologne* décrit la situation au 30 mai 1919 de la façon suivante :

« C'est maintenant que se font sentir dans toute leur étendue et leur acuité les conséquences néfastes du mouvement ouvrier. Faute de charbon et de coke, toute une série d'usines ont dû cesser le travail. Il en est de même pour les aciéries Martin et les laminoirs qui ne possèdent pas de charbonnages, ou qui sont situés en dehors de la région minière, tels ceux du Siegerland. Il a fallu éteindre bon nombre de hauts fourneaux. Entre temps la situation s'est améliorée. L'extraction du charbon a repris ; elle se chiffre actuellement à 250.000 tonnes par jour. Néanmoins les expéditions de houille aux usines sidérurgiques restent insuffisantes. L'approvisionnement des usines en minerai l'est également. On constate d'ailleurs ici des différences de régime assez regrettables. Les usines de la zone d'occupation, par exemple, reçoivent la minette qui leur est nécessaire, tandis que celles des régions non occupées en manquent. Dans beaucoup d'établissements, les stocks de minerai ont notablement diminué au cours des dernières semaines, et on y envisage l'avenir non sans inquiétude. »

La production d'acier en mai 1919

Les chiffres de la production de l'acier pour mars 1919 n'ont été connus qu'en mai. Ils accusent, comme le prouve le tableau ci-dessous, un abaissement sensible de la production :

	Mars 1918	Janvier 1919	Février 1919	Mars 1919
	—	—	—	—
Lingots Thomas	550.838	251.832	208.820	266.472
Lingots Bessemer	17.039	3.631	4.307	1.666
Lingots Martin basique. . . .	606.930	276.265	281.481	345.209
Lingots Martin acide	16.736	6.149	3.569	5.061
Moulage d'acier basique . . .	48.840	13.729	13.286	15.225
Moulage d'acier acide	71.106	10.153	9.196	10.404
Acier au creuset.	8.584	3.647	3.236	3.860
Acier électrique	19.247	6 755	6.018	6.996

Syndicat des Sidérurgistes (Stahlwerks-verband).

Le rapport d'avril du Syndicat des sidérurgistes examine les possibilité d'un renouvellement de cet organisme. Les aciéries rhénanes, dit la *Gazette de Cologne*, n'ont souscrit à ce projet qu'à la condition que la convention qui lie le syndicat à l'union des marchands de poutrelles serait dénoncé. Il est à remarquer que les aciéries rhénanes ont créé récemment un Comptoir de vente particulier : « la Compagnie commerciale des aciers rhénans ». L'attitude des « Aciéries rhénanes » devant le problème de la prolongation du « Stahlwerksverband » s'expliquerait ainsi par leur intention de ménager à leur nouvel organisme une porte d'entrée dans l'Union commerciale existante.

Perspectives d'exportation en ce qui concerne le fer et l'acier.

La presse industrielle commente les possibilités d'exportation des produits sidérurgiques, en termes d'ailleurs assez vagues et nébuleux, le plus souvent. Il est évident que des commentaires de ce genre doivent varier selon les facteurs politiques et économiques qui interviendront après la signature de la paix, mais qui, pour l'heure, ne sont pas encore définitivement déterminés. Les théoriciens de l'économie politique en Allemagne, depuis des années déjà, se complaisent à tenir des discours dénués de toute argumentation solide ; on trouve très rarement chez eux un effort sérieux de jugement objectif, supputant toutes les possibilités. Le 6 mai 1919, a paru dans le *Hamburgisches Börsenblatt* un article qui expose le problème de la façon suivante :

« Les milieux de la grande industrie allemande, d'opinions parfois divergentes sur le grave problème des exportations futures, sont du moins unanimes à considérer qu'après le rétablissement des conditions normales d'existence, la participation de l'Allemagne aux exportations mondiales de fer et d'acier sera fort modeste. Cette opinion s'appuie sur plusieurs arguments. On invoque tout d'abord l'insuffisance de la capacité de production. La répugnance à travailler dont témoigne l'ouvrier et qui, telle une épidémie, a gagné l'industrie allemande tout entière, a eu pour conséquence le manque de matériel, à tel point que les besoins intérieurs les plus urgents ne peuvent même pas être satisfaits.

« Et il est peu probable qu'à cet égard un revirement se produise en faveur d'une production plus intense.

« La diminution des heures de travail, l'augmentation des salaires, d'autres concessions encore ne suffisent plus à ramener l'ouvrier à la raison. Si l'industrie sidérurgique allemande avant la guerre a pu intensifier comme elle l'a fait ses exportations et s'assurer sur les marchés extérieurs une place prépondérante, dans un laps de temps relativement court, la cause en est à sa puissance productive : elle était arrivée à fabriquer en grande quantité et à des prix extraordinairement bas les produits standards nécessaires au marché mondial; à l'extrême faculté d'adaptation des producteurs allemands, et aux besoins particuliers des acheteurs étrangers. Ce sont là précisément les raisons qui en mainte circonstance ont obligé l'industrie anglaise à céder le pas à l'industrie allemande. C'est sur elles que se fonde encore l'espoir qu'ont certains milieux industriels de voir l'Allemagne redevenir, à plus ou moins bref délai, le fournisseur du monde. C'en est fait des avantages de notre « production en masse ». La séparation de l'Allemagne de ses territoires du sud-ouest, le renchérissement inéluctable des minerais de provenance étrangère, dû à la dépréciation de notre change et au fret élevé, aggravé encore par les mesures coercitives, au moyen desquelles les pays ennemis voudront faire obstacle au commerce extérieur allemand, tout cela entraînera la disparition de ce qui constituait la base même d'une production à bon marché. La situation intérieure nécessite de plus une augmentation des prix de fabrication. Sans doute est-elle compensée en partie par la qualité des produits sidérurgiques allemands — excellence qui a permis à l'Allemagne de conquérir les marchés du monde, — il n'en reste pas moins que des exportations d'envergure sont fortement compromises ».

Les opinions qu'on vient de lire sont celles de la plupart des spécialistes de la grande industrie.

Le charbon et la socialisation Hugo Stinnes.

Nous avons signalé dans notre circulaire d'avril les répercussions des mesures de socialisation. Elles sont confirmées par les déclarations de M. Hugo Stinnes, qui à l'Assemblée générale de l'Union minière de Mülheim (Mülheimer Bergwerkverein) a affirmé que depuis le début de la Révolution, par suite des grèves, de l'abaissement de la production, les Sociétés minières de la Ruhr ont subi des pertes d'un demi-milliard et qu'on courait à une banqueroute certaine, si au lieu de disserter sur la socialisation et son organisation, on ne se remettait pas promptement au travail, seul moyen d'intensifier la production. D'ailleurs les milieux officiels eux-mêmes, comme le prouve un intéressant article de la *Gazette de Francfort*, insistent sur la précarité de certaines formes de l'organisation communiste de l'industrie houillère. La loi d'empire du charbon, fait remarquer M. Siegrist, maire de Karlsruhe et auteur de l'article, ne vise à rien moins qu'à instituer un monopole du genre le plus dangereux.

Les consommateurs contre la socialisation du charbon.

Mise en régie communale du commerce de charbon.

La presse industrielle proteste également contre la mise en régie communale du commerce du charbon. La concurrence, dit-elle, suffira à empêcher que le commerce libre n'impose des prix trop élevés. La *Gazette du Rhin et de Westphalie*, entre autres, prétend que les prix ne sauraient être plus bas sous le régime communal que sous le régime de la liberté du commerce, car il est impossible aux pouvoirs publics de travailler à aussi bon compte qu'une entreprise privée. Il n'en faut pour preuve que les organisations de vente et d'achat créées pendant la guerre.

Divers.

Krupp.

Nous avons signalé dans notre bulletin d'avril les transformations auxquelles ont dû procéder les établissements Krupp. La fabrique de canons qu'en 1916, sur les instances du gouvernement bavarois, la maison Krupp avait créée en Bavière traverse elle aussi une période critique. Les troubles révolutionnaires auxquels participèrent bon nombre d'ouvriers de ces usines, écrit la *Gazette du Rhin et de Westphalie*, les essais d'ordre politico-économique qu'ont tentés successivement les différents gouvernements bavarois, ont rendu impossible une exploitation normale de ces établissements. L'augmentation des salaires, en échange d'un travail souvent improductif, a encore accru les difficultés auxquelles ont à faire face ces établissements, dont la construction et l'équipement en pleine guerre avaient nécessité des frais considérables.

Matériel de voie.

L'augmentation par tonne est de 110 marks pour les rails;

—	—	130	—	traverses;
—	—	140	—	éclisses.

Les exportations pour le Japon.

Les journaux d'exportation signalent que le Japon n'est pas en mesure de fabriquer les appareils et le matériel électriques dont il a besoin. Au cours des dernières années, il en a importé 800.000 quintaux par an.

Échange de minette et de charbon entre l'Allemagne et la France.

Les journaux professionnels enregistrent l'accord intervenu entre la France et l'Allemagne touchant l'échange provisoire de minerai de fer et de charbon. L'Allemagne pour chaque tonne de coke qu'elle fournira, doit recevoir 1 tonne 1/4 de minette.

Essais techniques.

La *Gazette de Cologne* a donné ainsi qu'il suit le compte rendu de la séance de l'Union des Fondeurs (Verein deütscher Giesserei-Fachleute):

« Le 10 mai, sous la présidence du directeur Weedemeyer de Sterkrade s'est tenu la vingt-septième Assemblée générale des fondeurs. En ce qui concerne l'augmentation considérable des prix de l'hématite, il convient de noter certains passages du discours de l'ingénieur principal, M. Treuheit, d'Elberfeld, dont le thème était le suivant : De la pratique des petites aciéries Bessemer. Les démonstrations de l'orateur tendaient à prouver que l'importance des pertes dues aux déchets entrait pour une part capitale dans les prix élevés des fontes. Ces pertes peuvent être réduites par une disposition appropriée des tuyères, des boîtes à vent et de l'admission du vent. Le conférencier cite à l'appui de sa thèse les essais tentés dans cet ordre d'idées et diverses évaluations mathématiques; il souligne l'importance et la nécessité de méthodes scientifiques dans l'exploitation des petites aciéries Bessemer dont le nombre s'est sensiblement accru pendant la guerre. Dans la dernière partie de sa conférence, il a parlé des recherches qui ont été faites sur la teneur en azote des aciers Bessemer, sur les scories et les gaz Bessemer.

» M. Glaser, ingénieur de Berlin, au cours de sa conférence sur les phénomènes métallurgiques auxquels donne lieu l'emploi du procédé basique ou du procédé acide, s'appuyant sur les observations fournies par l'analyse spectrale, a rendu compte des expériences faites dans certains laboratoires et quelques usines en vue de l'utilisation de l'analyse spectrale dans les aciéries. L'orateur est arrivé à la conclusion que dans la fabrication d'acier fin par le procédé acide, le spectroscope peut être employé avec avantage dans le grand comme dans le petit convertisseur. Qu'il s'agisse du procédé basique ou du procédé acide, il est possible, dit-il, en se servant d'appareils spectraux appropriés, d'arriver à des conclusions du plus haut intérêt, surtout en ce qui concerne la diminution des déchets. Aujourd'hui plus que jamais, la transformation des méthodes dans le sens d'une plus grande économie s'impose. »

Électricité.

La socialisation de la production et de la distribution de l'électricité en est à la période des études préliminaires. Déjà un projet avait été élaboré dans ce sens. Le nouveau projet prévoit un moins grand nombre de régions de distribution ; il s'agirait d'en créer dix à douze seulement.

La Commission régionale d'électricité doit comprendre les représentants des producteurs de courant à grande tension, des consommateurs et des ouvriers. Le projet doit encore être soumis à l'approbation de diverses Commissions. Des modifications pourront y être apportées.

Augmentation du prix des essieux.

Pressé par les circonstances, le syndicat des fabricants d'essieux a, lui aussi décidé, l'augmentation du prix des essieux. C'est là une conséquence de l'augmentation des frais généraux de fabrication, du renchérissement des matières premières, du matériel d'exploitation et des salaires. Les prix de base pour les essieux lourds ont été majorés de 35 marks aux 100 kilogrammes. La majoration par pièce a été fixée comme suit :

Essieux montés de moins de 10 kilogrammes, 6 marks;

Essieux montés de plus de 10 kilogrammes, 4 marks.

Pour les essieux coniques, les prix de vente aux commerçants seront ceux que spécifient les listes actuelles majoré, de 220 0/0, s'il s'agit de livraison en séries de 25 au minimum, de 225 0/0 s'il s'agit d'essieux commandés séparément.

Les prix de vente aux consommateurs seront majorés de 260 0/0.

Pour les essieux « patent », le syndicat des fabricants d'essieux « patent » a établi les prix suivants :

Pour les commerçants, en cas de marché de livraison d'au moins 25 :

170 0/0 d'augmentation pour les n°s 1, 3 de la liste du syndicat, édition 1913;

180 0/0 pour les n°s 2, 4, 5, 6, 8;

190 0/0 pour les n°s 7, 9, 13;

200 0/0 pour les n°s 10, 11, 14.

Les conséquences des grèves.

Les conséquences multiples de la Révolution se sont fait gravement sentir dans l'industrie minière. Le fait le plus saillant est tout d'abord la diminution de la production. Quelques chiffres suffisent à le prouver. En voici qui concernent les mines « Deutscher Kaiser », de la Société Thyssen :

	Octobre.	Novembre.	Décembre.
	Marks.	Marks.	Marks.
Frais d'exploitation	21,88	32,22	67,28
Prix de vente	22,96	22,75	22,77
Production	261,668	153,716	65,614

En mars 1919, l'introduction de la journée de 6 heures a été décrétée et imposée par la violence dans ces mines.

Les pertes se chiffrent dès lors par 7 ou 8 millions de marks. Le *Journal des Mineurs*, en présence de ces faits, établit que la direction de ces mines aurait déclaré devant une délégation d'ouvriers qu'elle était en mesure de prouver que, depuis le début de la Révolution, les pertes subies par la Société du fait des grèves incessantes, de l'abaissement de la production, s'élevaient à 35 millions à la fin de mars. Les jours de l'entreprise sont désormais comptés, car elle est à bout de force. De plus, les ouvriers, par suite des grèves et de l'effervescence continuelle, sont dans un état de détresse indescriptible.

Démocratisation de la vie économique.

En dépit des expériences peu encourageantes auxquelles les mesures communistes ont donné lieu depuis le début de la Révolution, certains socialistes réclament l'extension de la démocratisation à la vie économique tout entière.

C'est ainsi que le socialiste bien connu Potthoff, de Munich, a adressé l'appel suivant à la bourgeoisie libérale :

« La démocratisation de l'entreprise sera comme la pierre de touche de l'attitude des capitalistes. Ceux qui, jusqu'à ce jour, ont été les maîtres incontestés de la vie économique, ne peuvent empêcher le développement de la socialisation. Par contre, ils peuvent rendre grand service à la nation tout entière en même temps qu'à eux-mêmes en coopérant à l'instauration du nouveau régime. Il faut pour cela qu'ils renoncent en toute franchise et loyauté à la souveraineté telle qu'ils l'ont exercée jusqu'à présent, qu'ils accordent aux employés et ouvriers, par l'entremise des conseils d'exploitation, le droit de participer à la gestion de l'entreprise, de fixer d'un commun accord les conditions du travail, de contrôler la marche de l'exploitation ; mieux encore, il faut que, dépassant les mesures déjà prises, ils aillent dans leurs concessions jusqu'à l'extrême limite du raisonnable. Ce sera pour les patrons le plus sûr moyen de prouver qu'ils entendent à l'avenir respecter les conventions du travail, et qu'ils abandonnent toute idée de revanche, toute tentative d'usurper la direction. Il importe pour l'instant que les entreprises aient à leur tête une direction responsable composée de techniciens, mais les chefs doivent se considérer comme les délégués de la collectivité.

» Compréhension et bonne volonté de part et d'autre sont seules en mesures d'éviter à la Bavière de grandes calamités. La méfiance réciproque, voilà le pire ennemi. Le premier devoir des capitalistes prévoyants doit être de l'extirper. » Cette déclaration est remarquable parce qu'elle condamne certains excès, et prétend en outre indiquer de nouvelles voies ; la démocratie allemande croit, par des concessions partielles aux conceptions du socialisme, pouvoir conjurer le danger d'une Allemagne régie entièrement au point de vue économique par la social-démocratie. Cette politique, étant donné la situation actuelle et la quasi-impuissance des grands industriels, jadis tout puissants, ne manque pas d'habileté.

Conclusion.

Dans son ensemble, la vie économique allemande présente des indices incontestables d'amélioration.

Il est, certes, difficile de déterminer le stade de cette guérison, puisque les statistiques du travail, de la main-d'œuvre, de la production où l'Allemagne avant la guerre, était passée maître, ont cessé de paraître.

Toutefois, des indices certains laissent présager une renaissance : à la Bourse, tendances plus stables ; la publication du traité de paix elle-même n'a pas entraîné de fléchissement durable.

Le passage des industries de guerre aux industries de paix se poursuit. Les Allemands font leur profit des conseils de Rathenau dans son ouvrage « La Vie économique nouvelle », et essaient de reconstituer leur suprématie industrielle par l'introduction des méthodes de travail les plus rationnelles.

A cet égard, les termes dans lesquels la *Gazette de Francfort* a annoncé la création de son supplément technique sont significatifs :

« Il s'agit, disait-elle, de sortir de la misère par une organisation méthodique et supérieure du travail, et de se refaire une place au soleil. On s'oriente nettement vers la standardisation de la production ; la tendance à la concentration s'affirme de toutes parts dans l'industrie allemande. C'est là, dira-t-on, un phénomène né de la guerre, mais au fond il s'agit en réalité de la continuation d'une évolution qui, dès longtemps avant la guerre, s'était fait jour dans l'industrie allemande.

» L'Allemagne était, à côté des États-Unis — les initiés l'ont constaté, — le pays où les grandes organisations corporatives du genre trust étaient le plus répandues.

» Le danger du bolchevisme est moins menaçant depuis qu'à Budapest et à Munich, le mouvement ait plus ou moins échoué. Cependant l'effervescence spartakiste persiste, mais les incidents ont en général un caractère purement local. »

IMPRIMERIE CHAIX, RUE BERGÈRE, 20, PARIS. — 13145-6-19. — (Encre Lorilleux).

SERVICE D'INFORMATION

7, Rue de Madrid, 7

PARIS

CORRESPONDANCES DE L'ÉTRANGER

ANGLETERRE

LA SITUATION ÉCONOMIQUE — L'ENQUÊTE SUR L'INDUSTRIE DU CHARBON

Notre correspondant en Angleterre nous écrit à la date du 17 juin 1919 :

Malaise général : ses causes.

Il n'y a qu'un mot qui puisse exprimer l'impression unanime en ce moment, et c'est le mot malaise — malaise politique, malaise industriel, financier, ouvrier, malaise moral. Ces différentes espèces de malaise réagissent les unes sur les autres, de telle façon qu'il est assez difficile de démêler la tendance et l'importance de chacune ; cependant il est plus que probable — et c'est l'opinion la plus répandue — que la cause principale du malaise général est la lenteur de la Conférence de la Paix ainsi que le sentiment d'incertitude qui en résulte. Les conséquences naturelles de cet état de choses sont encore aggravées par des moyens artificiels, par des mouvements plus ou moins obscurs, dont les tendances subversives ne sont un secret pour personne. Il y a, incontestablement, une démoralisation générale due aux conditions anormales dans lesquelles le monde entier, mais surtout l'Europe, vit depuis cinq ans bientôt. Les historiens et les sociologues voient, dans la situation actuelle, la répétition sur une grande échelle des événements dont la France fut le théâtre au printemps de 1871 ; mais avec cette différence que le mal est plus répandu et que le remède est moins facile à trouver par le fait même que les éléments sains sont fort peu nombreux et ne peuvent aider au rétablissement des éléments atteints. La gravité de la situation actuelle vient justement de ce que, si le mal est apparent, le remède ne l'est pas, et que le temps seul ramènera la santé dans l'organisme européen.

La Grande-Bretagne, moins atteinte à certains points de vue matériels que d'autres pays alliés, n'en souffre pas moins énormément. De pays créancier qu'elle était depuis des géné-

rations, elle est devenue pays débiteur, et les affaires n'y reprennent pas aussi vite qu'on l'espérait, bien qu'elles y soient moins mauvaises que chez ses alliés.

Elle aussi tourne dans un cercle vicieux. Elle ne peut sortir de difficulté que si son mouvement industriel se rétablit, mais son activité est retardée par l'embarras moral et politique général. Les industriels demandent de la main-d'œuvre, et les ouvriers demandent du travail. Mais les industriels ne peuvent rien entreprendre avant de savoir sous quel régime ils vont se trouver; et c'est ce qui les empêche de se lancer dans de nouvelles affaires; c'est aussi ce qui fait que le chômage continue et que chaque semaine il faut dépenser 30 ou 35 millions en indemnités *(donations)* de chômage. Il est vrai que la situation tend à s'améliorer, s'il faut en croire le Ministre du Commerce, Sir Auckland Geddes, et les déclarations qu'il a faites, le 4 juin, à une réunion de négociants et d'industriels. Ces déclarations sont assez optimistes; mais on a quelque peine à les faire concorder avec les faits et avec la gêne que l'on constate de tous côtés.

Optimisme de Sir Auckland Geddes

Il a été démobilisé 2.750.000 hommes, dit Sir A. Geddes, presque tous sont occupés et il n'y en a sur ce nombre total que 400.000 qui chôment.

Contradiction

Mais en même temps — le même jour — qu'il disait cela, il déclarait au Parlement que la situation de l'industrie houillère est sérieuse et que la production de la houille, de juillet 1919 à juillet 1920, lorsque la journée de travail sera de sept heures, conformément au vœu de la Commission Sankey, adopté par le Gouvernement, ne montera qu'à 214 ou 217 millions de tonnes au lieu de 287 millions de tonnes en 1913. C'est grave. La cause de cette diminution dans la production est que les mineurs donnent une moins grande somme de travail qu'auparavant. En 1913, 1.100.000 mineurs produisaient 287 millions de tonnes de houille; en 1919, étant donnée la production actuelle, le même nombre de mineurs ne fourniront que 228 millions de tonnes. La production par homme en quatre semaines était en 1913 de 19 tonnes 8; elle est actuellement de 16 tonnes 8. Mais de juillet 1919 à juillet 1920 la production ne sera que de 217 millions de tonnes, comme il vient d'être dit.

Dangers de la réduction de la production de houille.

Au point de vue de la population des Iles britanniques, cela veut dire que l'hiver prochain, comme l'hiver dernier, le combustible lui sera strictement rationné et que la tonne de charbon coûtera 4 shillings 6 pence de plus.

Au point de vue étranger, cela signifie que la Grande-Bretagne, ayant à pourvoir aux besoins (réduits) de la consommation intérieure et de sa marine marchande, ne pourra exporter de juillet 1919 à juillet 1920 que 23 millions de tonnes de charbon au lieu de 77 millions (1913) et de 34 millions (1918).

Au point de vue économique, étant donnés la production réduite, l'augmentation des salaires et le bénéfice garanti de 1 shilling 2 pence aux propriétaires des houillères, les frais d'exploitation seront tels qu'il y aura un déficit de 46.500.000 livres sterling; d'où une augmentation de 4 shilling 6 pence ou bien comme alternative, le déficit à la charge des contribuables. On est loin du moment où les représentants des mineurs à la Commission Sankey déclaraient qu'ils se portaient garants que, lorsque les mineurs auraient obtenu les augmentations de salaires et la réduction des heures de travail, ils produiraient davantage et plus vite, ou quelque chose d'approchant.

Les salaires ont été augmentés, et les heures de travail ne sont pas encore réduites ; mais les mineurs qui s'absentaient dans la proportion de 10 0/0, de 1913 à 1918, se sont absentés, dans les vingt premières semaines de 1919 dans la proportion de 13 0/0. D'où il semblerait que les mineurs se contentent d'un gain de tant par semaine et que, lorsqu'ils l'ont obtenu, ils ne travaillent plus.

Curieuse mentalité de mineurs.

Ce qui confirme cette impression, c'est qu'actuellement il y a 20.000 ou 25.000 mineurs de plus qu'en 1913 et que la production est descendue de 287 millions de tonnes à 230.000 tonnes. Le nombre d'hommes employés dans l'industrie houillère n'est donc pas une base de calcul ; tout dépend de la somme de travail fournie par chacun.

C'est pour cette raison que dès le 19 mai, M. Manville, le député de Coventry, demandait à Sir A. Geddes (alors Ministre de la Reconstitution et aujourd'hui Président du Board of Trade, car le Ministère de la Reconstitution est en liquidation), si la fourniture de charbon à l'industrie et aux particuliers allait être de nouveau réduite à la fin de juin et si la réduction était due à la réduction des heures de travail dans les usines. La réponse de Sir A. Geddes fut qu'il craignait qu'une réduction de la quantité de charbon disponible pour l'industrie et les particuliers ne fût inévitable et qu'il ne pouvait encore donner une réponse précise, les éléments faisant défaut ; et Sir A. Geddes ajouta :

« Je regrette d'avoir à dire que la production de charbon par mineur employé continue à diminuer sans qu'il y ait réduction des heures de travail. »

Depuis, le 19 mai, le Ministre a eu tous les renseignements voulus et l'on a vu plus haut que la situation est peut-être pire que ne le redoutait M. Manville.

Cela montre combien est précaire la situation de l'industrie britannique, laquelle dépend entièrement du combustible. La reconstitution de la Grande-Bretagne n'est possible qu'à la condition qu'elle exporte et exporte en quantités croissantes ses produits ; mais elle ne peut exporter que ce qu'elle fabrique, et si elle fabrique peu, ses exportations seront faibles. Or, comment fabriquer sans charbon ? Le défaut de combustible réagit sur toutes les industries, et depuis quelque temps il est question de réduire les heures de travail dans les industries textiles, comme dans celles du fer et de l'acier, faute de quantités suffisantes de houille. Comme le disait dernièrement le *Times* :

« La houille et les transports sont les deux grandes industries-clefs dont dépend l'activité des autres. La réduction de la production du charbon n'est que le point de départ d'un cercle vicieux conduisant immédiatement au chômage industriel, à l'élévation des prix et, éventuellement, au chômage dans les industries secondaires du pays tout entier. »

Reserves sur l'optimisme de Sir. A. Geddes.

Et cette longue digression nous ramène directement aux déclarations optimistes de Sir A. Geddes. A quoi servira d'avoir réabsorbé dans l'industrie 2.712.000 démobilisés si, une fois à l'usine et à l'atelier, ils produisent de moins en moins, comme les mineurs ? Et, en outre que deviendront ces hommes et les autres ouvriers, si l'industrie houillère elle-même est ruinée ? La ruine des charbonnages entraînera forcément, à brève échéance, celle des autres industries. Ce sera l'écroulement de tout l'échafaudage optimiste du Président du

Board of Trade, qui se réjouit que l'Angleterre ait fait preuve d'une faculté de récupération industrielle plus grande de beaucoup que celle de ses alliés. Les mineurs paraissent devoir y mettre bon ordre.

Sir A. Geddes a aussi fait allusion aux restrictions imposées au commerce en Angleterre et ailleurs et il a déclaré que toutes sont justifiées. Quant au commerce avec les pays désorganisés de l'Europe, Sir A. Geddes dit que l'on peut — et l'Angleterre le fait — donner des matières premières et des denrées alimentaires; mais qu'il est inutile d'envoyer des marchandises à ceux qui déclarent d'avance ne pouvoir les payer si l'on ne leur ouvre des crédits à Londres. L'ouverture de ces crédits veut dire que c'est Londres qui payera. Il faut, dit-il, distinguer entre la charité et les affaires. C'est ce que ne comprennent pas, selon lui, ceux qui se plaignent de certaines restrictions imposées par le Gouvernement.

Il faut que l'industrie britannique repose sur des bases solides. Les industries textiles anglaises étaient chancelantes, parce qu'elles dépendaient de l'Allemagne pour les matières colorantes; l'industrie du zinc était insignifiante; celles du fer et de l'acier manquaient de solidité à cause de la faible production de fer et d'acier britanniques. La leçon de la guerre est que le devoir du Gouvernement est de veiller à ce que le commerce national ait, dans le pays même, les bases des industries principales. Autrement dit, il faut assurer l'indépendance économique absolue de la Grande-Bretagne.

Est-ce là chose possible pour un pays quel qu'il soit? Et si telle chose est possible, est-elle compatible avec un grand commerce d'exportation? Est-il possible de vendre tout aux autres et de ne rien leur acheter?

Sir A. Geddes ne laisse-t-il pas dans l'ombre certains côtés? N'y a-t-il pas eu récemment des négociations officielles avec des négociants ou des groupes de négociants allemands pour des fournitures de certains produits chimiques et de matières colorantes?

Sir A. Geddes parle de zinc. N'a-t-il pas connaissance de cette usine à zinc, agrandie pendant la guerre, qui a dû éteindre treize fourneaux sur seize parce que les ouvriers étrangers qui y travaillaient ont été rapatriés et qu'il a été impossible de les remplacer par des ouvriers anglais?

Sir A. Geddes ne sait-il pas que la fabrication de cigares, à Londres, est devenue d'une difficulté extrême, parce que les cigariers étrangers rapatriés ne peuvent être remplacés?

Il est des métiers, des professions que les Anglais ne veulent pas exercer ou sont incapables d'exercer — dans tous les pays on rencontre la même difficulté — faut-il pour cela que les populations britanniques se privent de certains produits ou se contentent de produits inférieurs parce qu'ils seront d'origine britannique? Cela ne serait ni du commerce ni de la charité. Si l'on appliquait rigoureusement la théorie de Sir A. Geddes, comment arriverait-on à réaliser son idéal qui est que : — « C'est par un grand commerce, un commerce sur une plus grande échelle qu'à aucune époque précédente que nous pourrons payer les frais de la guerre ou, pour mieux dire, compenser les pertes produites par la guerre. »

Les restrictions et la reconstitution.

Les restrictions justifiables, dont se plaint le commerce anglais et que défend Sir A. Geddes, sont-elles de nature à assurer ce grand commerce qu'il désire atteindre? N'ont-elles pas pour but principal de protéger l'industrie britannique et partant de nuire au commerce d'exportation, qui doit sauver la Grande-Bretagne et assurer sa reconstitution, en augmentant les frais de production? C'est ce que soutiennent les libre-échangistes qui disent que si la Grande-Bretagne a pu supporter les frais de la guerre plus facilement que ses alliés, c'est précisément au libre-échange qu'elle le doit. Au libre-échange qui lui a permis pendant tant d'années de se procurer à bas prix non seulement les matières premières, mais de plus ces innombrables produits manufacturés ou demi-manufacturés qui sont les matières premières de tant d'industries. Le papier, par exemple, article manufacturé, est la matière première de nombreuses industries. C'est aussi parce que la Grande-Bretagne achetait de l'acier étranger moins cher qu'elle ne le produisait elle-même, qu'elle construisait des navires à meilleur compte que ses concurrents. La théorie des libre-échangistes a eu au moins pour elle l'avantage d'avoir été mise en pratique avec des résultats satisfaisants pendant plusieurs générations qui ont joui d'une prospérité incontestable. Le jour où les manufacturiers seront protégés, ils n'auront plus aucune raison, disent encore les libre-échangistes, pour perfectionner leur outillage ou leurs procédés ou améliorer les qualités de leurs produits; au contraire, ils pourront se défaire de produits inférieurs à des prix plus élevés qu'auparavant.

Effets et causes.

Il y a certainement un fait très curieux à noter et qui ressort des discussions économiques actuelles, c'est que, selon le point de vue auquel on se place, les choses sont bonnes ou mauvaises et que les mêmes causes sont données comme produisant des effets différents.

Les « Trusts ». Rapport de la Commission d'enquête.

On en voit des preuves dans le rapport publié tout récemment (il est daté du 24 avril 1919) par la Commission nommée en 1918 pour faire une enquête sur le développement probable des organisations et combinaisons commerciales et sur les mesures qu'il pourrait être nécessaire de prendre pour sauvegarder les intérêts du public, ainsi que dans les commentaires auxquels il a donné lieu.

Le rapport débute par cette constatation que dans toutes les branches importantes de l'industrie du Royaume-Uni il y a une tendance croissante à former des associations et combinaisons commerciales ayant pour objet de restreindre la concurrence et de contrôler les prix.

Ces associations sont, pour employer l'expression pittoresque du rapport, *horizontales*, c'est-à-dire qu'elles réunissent des établissements fabriquants des produits du même genre au même degré d'achèvement; ou *verticales*, ce qui veut dire qu'elles réunissent des établissements dont les produits différents constituent les phases, les degrés de la fabrication de produits complexes, par exemple : charbon, fer, acier, constructions mécaniques.

Types divers de trusts.

Il y a divers types de ces associations :

Les unes, composées de fabricants d'un même article, après avoir reconnu la production totale annuelle de cet article, assignent à chaque établissement associé sa proportion de production; mais chacun reste libre de la dépasser; et, dans ce cas, chaque mois il verse 5 0/0 de la valeur des ventes de l'excédent au fonds commun. Si, au contraire, il produit moins, il reçoit du fonds commun, 5 0/0 sur le montant de son déficit.

Bénéfices sans travail.

Ce type d'association est très commun; il donne ce curieux résultat qu'un membre de l'association peut, s'il le désire, renoncer à fabriquer, laisser les autres membres prendre sa part de production et toucher chaque mois une somme considérable.

Un autre type est celui-ci qui est adopté dans certains établissements métallurgiques.

Chaque établissement associé se voit attribuer un pourcentage de la production totale de son genre de produits. A la fin du mois, on établit le total de la production et l'on fait la comparaison entre le pourcentage fixé et le pourcentage de la production mensuelle. Pour chaque tonne d'excédent, l'usine paye une livre sterling au fonds commun; pour chaque tonne en déficit l'usine reçoit du fonds commun une somme de 10 shillings. Une usine associée a entièrement abandonné la fabrication et, depuis, elle touche régulièrement un beau revenu.

Le rapport dit qu'il paraît que ces associations n'ont été créées qu'à la suite d'une dépression commerciale momentanée, mais que la guerre a contribué à leur développement.

Les membres des *trusts* qui ont déposé devant la Commission déclarent unanimement que ces combinaisons ne favorisent pas seulement les affaires, mais qu'elles sont indispensables pour le commerce étranger et la lutte contre la concurrence étrangère; ils disent aussi que les associations tendent à l'amélioration des produits et à l'avantage du public, parce que le perfectionnement de l'outillage permet la production à bon marché.

Les intermédiaires.

D'autre part, les intermédiaires expriment des opinions différentes.

L'un d'eux dit d'une association qu'elle n'a offert d'avantage ni aux détaillants ni au public, que la concurrence est grandement réduite et qu'en pareil cas c'est le consommateur qui souffre. Et d'une autre, qu'elle possède un des plus grands monopoles du Royaume-Uni et à un degré nuisible à l'intérêt public; « elle affame les détaillants; ses énormes bénéfices lèvent un lourd tribut sur les salaires des pauvres et elle profite des nécessités du public. »

Les « trusts » et le commerce extérieur.

Au point de vue du commerce étranger, il a été fait devant la Commission des déclarations importantes.

Le président d'un de ces *trusts* a déclaré « qu'en s'étant assuré des prix rémunérateurs sur le marché intérieur, ils pouvaient lutter avec succès contre la concurrence étrangère au point de vue des exportations. Ils ont un fonds, dit « fonds de combat », spécialement destiné à subventionner les associés qui trouvent nécessaire de vendre au-dessous d'un prix économique, afin de battre les concurrents étrangers. Cela peut s'appeler répondre au *dumping* par le *dumping*; mais il n'est pas exact que les maisons anglaises aient, dans l'ensemble, fait plus de *dumping* que les maisons étrangères. Ils ont fait du *dumping* en Belgique comme représailles contre le *dumping* belge en Angleterre. »

Un autre président de trust a dit ceci : « Dans le passé, l'Allemagne a trouvé profit à exporter une grande partie de sa production d'acier à perte. A l'avenir, ce pays-ci trouvera profit à faire la même chose. »

Ce que dit la Commission.

La Commission dit à ce sujet dans son rapport : « Les représentants des associations qui ont déposé devant vous sont généralement d'accord pour dire qu'un des résultats bienfaisants de la formation d'associations, assez puissantes pour contrôler et maintenir les prix sur le marché intérieur, est que cela permet aux manufacturiers britanniques d'augmenter leur production en vendant leurs produits à plus bas prix ou même à perte sur les marchés étrangers. »

Ce que dit M. Harold Cox.

Cette différence dans les points de vue, cette façon d'apprécier les choses en se servant de deux poids et de deux mesures, fait dire à M. Harold Cox (1) :

(1) *Times*, supplément commercial.

« Cela est exactement ce que les capitalistes allemands faisaient avant la guerre avec la connivence et l'appui du Gouvernement allemand. Le reste du monde s'est trouvé lésé et a éprouvé un amer ressentiment de cette concurrence secondée par l'État. Il serait intéressant de savoir si les socialistes anglais (1) ont réfléchi à ce que serait l'attitude du monde envers ce pays, si le Gouvernement du Royaume-Uni allait s'embarquer dans une politique du même genre et la pousser plus loin encore en devenant lui-même le propriétaires des industries qu'il subventionnerait, afin de vendre à plus bas prix que les négociants et les manufacturiers des autres pays.....

» En d'autres termes, les contribuables et la masse des consommateurs, dans tout l'Empire britannique, doivent souffrir pour que certains établissements de ce pays puissent faire exactement ce que le monde a antérieurement reproché à l'Allemagne de faire. Si l'Angleterre allait adopter ou faciliter des méthodes de ce genre, il est certain que nos concurrents étrangers riposteraient bientôt par des mesures spécialement destinées à nuire à notre commerce légitime de toutes les manières possibles, et nous nous trouverions engagés dans une âpre lutte commerciale avec nos Alliés actuels. Ainsi que l'ont clairement prouvé l'expérience du dix-huitième siècle et l'expérience du monde entier au siècle où nous sommes, la guerre commerciale a pour effet de conduire à la guerre d'une autre espèce. »

Ce que ressent le public.

La Commission, après avoir donné un résumé des dépositions entendues par elle et en avoir cité des extraits dont des passages ont été reproduits plus haut, fait allusion par deux fois au sentiment public relativement à ces trust : « Il n'est pas douteux, dit-elle dans son rapport (p. 8), et il a été généralement reconnu par les représentants de ces associations, qu'il existe dans le public une grande méfiance à l'endroit des opérations des trusts, *combines* et associations, et nous n'avons aucun doute que l'expérience sans précédent des quatre dernières années, la révélation des bénéfices de guerre réalisés par certaines maisons et les assertions réitérées d'un « profitage » exorbitant de la part de certains capitalistes pendant la guerre, qu'elles soient vraies ou fausses, ont tendu à aggraver considérablement la suspicion et la méfiance qu'inspirent au public les opérations des associations ou *trusts*. Il ne nous est pas possible de partager l'optimisme des représentants de ces associations, qui affirment que dans aucun cas il n'est possible que leurs opérations aient pour effet de conduire à des prix excessifs ou au désavantage du public...... il est évident qu'un système qui crée virtuellement des monopoles et contrôle les prix prête toujours aux abus. Nous sommes confirmés dans cette opinion par une étude des opérations de combinaisons semblables dans les autres pays. »

Dans ses conclusions (p. 11), le rapport revient sur la méfiance publique et s'exprime ainsi : « Nous sommes convaincus qu'il existe dans l'esprit public une méfiance considérable à l'égard de leurs opérations (les opérations des *trusts*) et que l'effet de cette méfiance — que cette méfiance et cette hostilité publiques soient fondées ou non — est de nature à nuire à la stabilité politique et à la stabilité sociale de l'État. »

Mais cela dit, le rapport ne propose aucun remède, il se borne à déclarer qu'il serait à désirer qu'il fût pris des mesures pour que le public pût être pleinement renseigné sur les opérations des *trusts* et pour remédier promptement aux abus et les réprimer, et qu'un tribunal spécial fût créé à cet effet.

(1) On verra plus loin pourquoi M. Cox s'adresse aux socialistes.

Étude remarquable jointe au rapport.

Le rapport ne se compromet pas, et s'il est intéressant au point de vue des faits qu'il révèle, il a beaucoup moins de valeur pratique que l'étude sur les *Organisations et combinaisons commerciales britanniques*, de M. John Hilton, le secrétaire de la Commission, qui est jointe au rapport et qui mériterait une longue analyse spéciale. M. Hilton fait voir les avantages et les inconvénients des combinaisons ou *trusts*, leurs dangers même; il propose des garanties, des sauvegardes, dans l'intérêt du public, et il insiste aussi sur les avantages de la concurrence et du petit industriel qui ont leur utilité et leur mérite.

Utilité du petit industriel.

« Le petit établissement commercial, dit-il, a de la personnalité. Les employés d'une petite maison travaillent pour un individu et les relations entre propriétaire et ouvriers sont sinon toujours cordiales, du moins humaines. Les relations d'affaires avec une petite maison sont des relations avec une personne, et il n'est pas douteux que, dans le passé, l'élément personnel de l'industrie britannique ait été un facteur puissant dans son développement. Le type caractéristique produit par ces influences peut ne pas provoquer une admiration sans mélange, mais il est en tout cas fort, énergique, confiant en soi-même, et il est reconnu que la grande majorité de ceux qui, aujourd'hui, dirigent et organisent les grandes affaires ont acquis leur capacité et leur expérience dans des petits établissements. »

M. Hilton, cela est clair, n'est pas de ceux qui désirent voir disparaître le petit industriel et le petit commerçant ou qui croient que l'avenir est uniquement aux grandes combinaisons ou aux grandes entreprises commerciales et industrielles. Pour lui, au contraire, là où il y a concurrence entre plusieurs établissements modestes, il y a une forte émulation qui développe l'initiative, les ressources de l'intelligence de nombreux individus; chacun a un intérêt personnel direct à perfectionner les procédés, à éliminer le gaspillage, à réduire les frais de production, à entrer dans des voies nouvelles.

Il y a encore autre chose : les *trusts*, pour une grande partie, doivent leur origine à des périodes de dépression commerciale; ils ont été créés pour éviter la ruine réciproque. Cela étant, leur existence doit-elle être permanente ou seulement provisoire, selon que les conditions générales se modifieront? On n'en sait rien encore et sur ce point le rapport est muet. Mais, comme le dit encore M. Cox :

« L'inconvénient le plus évident des *trusts*, au point de vue du public en général, est qu'ils donnent aux associés le pouvoir de tondre *(fleece)* la communauté dans leur intérêt particulier. Tant que la concurrence sera libre, les prix élevés stimuleront presque toujours la production croissante, avec le résultat que les prix baisseront de nouveau et que le public aura l'avantage d'obtenir des produits et des services à meilleur compte. Mais là où une combinaison est assez vaste et assez bien organisée pour être maîtresse d'une industrie, elle peut soutenir les prix afin d'ajouter aux gains des associés au détriment du public en général. »

Et c'est ici que nous arrivons à un autre point de vue, celui des mêmes causes et des effets différents, et à l'allusion de M. Cox aux socialistes. En effet, aussitôt après le passage ci-dessus, M. Cox dit :

Combinaisons d'ouvriers et combinaisons de patrons.

« Bien que la Commission des *Trusts* n'en dise rien, cette considération s'applique tout autant aux combinaisons de salariés qu'aux combinaisons de capitalistes. Jusqu'ici, nous sommes accoutumés à regarder les trades unions comme des organisations dont le seul objet est la défense des intérêts de l'ouvrier vis-à-vis de son patron. Mais il est bien clair que le trade unionisme entre dans une nouvelle phase. Les gigantesques organisations de salariés existant actuellement font usage de leur pouvoir non pas tant pour faire passer entre leurs mains une part des bénéfices de leur patron que pour extorquer à la masse des consommateurs un prix plus élevé pour le produit qu'ils fabriquent.....

« Leur pouvoir est, en réalité, bien plus grand que celui d'aucune combinaison de capitalistes. Car si bien que soit organisée une de ces combinaisons, elle ne peut jamais réussir entièrement à empêcher le petit industriel ou le petit commerçant de se glisser sous son ombre, tandis qu'une puissante trade-union peut, par des menaces mal dissimulées de violence, empêcher tout individu de travailler lorsqu'elle a ordonné une grève. De plus, il importe de noter qu'une combinaison de capitalistes ne représente en somme que quelques douzaines de suffrages aux élections parlementaires, alors qu'une puissante trade union dispose de nombreux milliers de voix. Inutile d'insister sur l'effet de cette situation sur la législature souveraine.

» Enfin, il faut noter qu'il y a une corrélation étroite entre le développement des trade-unions et la création des combinaisons capitalistes ; car à mesure que les trade-unions étendent leur pouvoir, elles peuvent terroriser les établissements isolés qui sont forcés, pour se défendre, de se réunir en vue d'une action commune. »

Les socialistes et les « trusts ».

En terminant, M. Cox fait remarquer que les socialistes ne sont pas ennemis en principe des *trusts*. Ils disent que l'association et la combinaison ont pour résultats une plus grande efficacité et une meilleure organisation de l'industrie, et ils y voient un premier pas vers la réalisation de leur idéal, qui est de faire de toutes les industries du pays un gigantesque *trust* national dirigé par l'État.

La devise des socialistes n'est pas : Diviser pour régner ; mais réunir pour régner, ou plutôt pour détruire. Comme Caligula, qui aurait voulu que le peuple romain n'eût qu'une tête, pour l'abattre d'un coup, les socialistes désirent que l'industrie, le commerce, le capital soient réunis dans le plus petit nombre possible de groupes, car il ne leur sera que plus facile de s'en emparer.

Les *trusts* sont l'acheminement vers la nationalisation, et c'est pour cette raison que MM. Bevin, Sidney Webb et J. A. Hobson ont signé le rapport de la Commission d'enquête sur les *trusts* et y ont ajouté un appendice où ils indiquent les remèdes à la situation créée par ces associations et ces remèdes semblent aboutir tous à l'étatisme.

Situation générale.

La situation générale est donc celle-ci qu'en ce moment la Grande-Bretagne, dont la reconstitution dépend de la rapidité et du développement de sa production et de ses exportations, se trouve arrêtée ou entravée et retardée par le fait que les organisations capitalistes et les organisations ouvrières sont, par la force des choses, constituées de telle façon que, tout en ayant des bases analogues, elles se combattent au lieu de coopérer à une œuvre qui devrait leur être commune. Or, la reconstitution nationale n'est possible que si les ouvriers et patrons s'unissent pour travailler au salut national. On n'a cessé de le répéter sur tous les tons depuis deux ou trois ans, depuis le moment où l'on a prévu, sans pourtant en avoir une conception précise, car la réalité a malheureusement dépassé tous les calculs, l'énorme tâche que les ravages de la guerre imposeraient à la Grande-Bretagne comme aux alliés. On a élaboré bien des projets, proposé bien des solutions ; mais on n'est pas plus près d'un accord qu'en 1917, par exemple. Les conseils Whitley ne sont pas très populaires, et le Conseil industriel national, qui devait être constitué à la suite de la Conférence des ouvriers et des patrons provoquée par le Gouvernement, n'est pas encore créé, en dépit de la recommandation unanime de la Conférence.

Le Gouvernement travaille à la conciliation.

Cependant le Gouvernement a fait et fait encore tous ses efforts pour amener une entente entre les patrons et les ouvriers, d'accord avec les deux groupes de la Conférence. C'est ainsi qu'il a proposé à la Chambre un projet de loi sur la journée de huit heures et un salaire minimum pour tous les ouvriers et qu'il a déposé à la Chambre des Communes un autre projet de loi (sur lequel les ouvriers et les patrons se sont mis d'accord au préalable) sur le rétablissement des coutumes et règlements trade-unionistes et qui sera voté sans difficulté, par conséquent.

La Triple alliance et le Conseil industriel national.

Sur la question de la création du Conseil industriel national, il convient de faire remarquer que deux des trade-unions qui constituent la Triple-Alliance, les mineurs et les ouvriers des transports, n'ont pas voulu prendre part aux travaux de la Conférence, mais que les cheminots y étaient représentés. L'importance de cette abstention gît dans le fait que le Conseil industriel, composé de patrons et d'ouvriers, doit avoir pour fonction l'étude des questions industrielles et des mesures s'y rattachant avant que le parlement soit saisi ; et il n'est pas impossible que le Gouvernement ait jugé inutile de persévérer dans le projet de constitution du Conseil industriel national dans lequel refuserait de rentrer un groupe de trade-unions aussi considérable et influent que la Triple-Alliance qui représente un million et demi de travailleurs. On ne sait pas pour quelles raisons les mineurs et les ouvriers des transports se tiennent ainsi à l'écart ; mais, quelles que soient ces raisons, il est clair qu'elles indiquent de la part de deux des groupes qui constituent la Triple-Alliance un esprit peu conciliant qui est d'un mauvais exemple. Comment, si la méfiance des ouvriers envers les patrons continue, sera-t-il possible à l'Angleterre de se relever ? Une attitude comme celle-là ne peut que contribuer à entretenir le malaise signalé au début de ces notes en prolongeant l'incertitude des industriels et des négociants et le chômage qui en résulte.

Le nouveau régime économique.

M. Asquith critique le budget.

Bien que, d'après Sir Auckland Geddes, le président du Board of Trade, les restrictions sur le commerce extérieur, dont se plaignent si amèrement les commerçants anglais, doivent être maintenues jusqu'au 1er septembre, il paraît certain aujourd'hui que la Grande-Bretagne a décidé d'entrer dans la voie du protectionnisme. M. Asquith, le 17 mai, à Newcastle, a prononcé un discours important dans lequel il a combattu le budget et les mesures protectionnistes de M. Chamberlain, signalés dans les notes du mois dernier ; mais, à en juger par le peu d'effet apparent de ses paroles, on peut conclure que le courant protectionniste est trop fort pour pouvoir être arrêté. Au parlement, cela va sans dire, la majorité est protectionniste ; et dans le pays le mouvement économique a été adroitement doublé d'un appel au patriotisme et aux préventions populaires contre tout ce qui est étranger — ostensiblement c'est la pénétration allemande qui est visée, mais dans la pratique on ne distingue pas entre les nationalités — qu'il paraît on ne peut plus probable que le libre-échange est appelé à disparaître, momentanément en tout cas. M. Asquith a donné quatre raisons pour repousser les propositions de M. Chamberlain : la première est que la préférence annoncée dans le budget fait perdre 3 millions de livres sterling de recettes au trésor ; la seconde qu'il est absolument irrégulier de se servir des droits spéciaux de guerre pour en faire la base de la préférence impériale; la troisième, que la prétendue préférence n'est qu'un prétexte pour réduire les droits d'entrée sur le thé (2.700.000 livres sur 3 millions); et la quatrième, que les propositions du Ministre des Finances ne sont que les avant-coureurs d'un système complet de préférence impériale et de protection.

Réponse de M. Chamberlain.

Quelques jours plus tard, le 20 mai, à la Chambre des Communes, M. Chamberlain répondait à M. Asquith et réaffirmait ses idées et ses intentions protectionnistes.

Il a dit qu'il ne prétend pas que la préférence accordée aux colonies dans son budget soit très considérable; mais elle n'est qu'une partie d'un tout plus grand. Dans l'intention du Gouvernement actuel, la préférence ne doit pas s'arrêter à de simples droits de douane; elle doit régner dans toute la politique. M. Chamberlain a ensuite rappelé que, dans les instructions données par lui à la Commission des émissions nouvelles, il a prescrit que, toutes choses étant égales, préférence sera accordée aux entreprises dont le capital doit être dépensé dans les dominions britanniques. Le Gouvernement a aussi décidé que tous les achats faits au dehors pour le compte du Gouvernement devront se faire dans les dominions ou dans les possessions britanniques d'outre-mer; et, au mois de mars, une circulaire adressée aux différents départements disait: « Le Gouvernement de Sa Majesté désire que la préférence dans les contrats du Gouvernement dont il est ici question soit effective; et bien qu'il juge inopportun de fixer un pourcentage, il exprime le vœu qu'en ce qui concerne les opportunités de soumissionner et en ce qui concerne les prix, les dominions, les colonies et les protectorats jouissent de tous les avantages de cette décision. »

Et les Alliés?

Cela est fort net, et l'on voudrait savoir, toutefois, si les Alliés auront aussi un traitement de faveur dans le projet économique complet du gouvernement britannique, à partir du 1er septembre prochain. Sur ce point, on ne possède encore aucune indication. Il est vraisemblable qu'il en sera ainsi, car il est inconcevable qu'après la guerre, les pays qui ont fraternisé dans les tranchées pendant quatre ans soient séparés en temps de paix par des tarifs semblables à ceux qui frapperont les produits des pays ennemis. Ce serait une raison de plus pour le dire dès à présent.

Prévisions du « Times ».

A ce propos, il a paru tout récemment dans le *Times* (1) un article très important sur cette question de la politique commerciale du Gouvernement britannique.

Le *Times* commence par dire que la période qui s'ouvrira le 1er septembre sera une période nouvelle et que le monde des affaires voudrait bien savoir à quoi s'en tenir. La Commission des restrictions d'importation n'est qu'une organisation provisoire et le système qui lui a donné naissance n'est pas applicable au temps de paix. Tôt ou tard le pays aura à décider par la voix de ses représentants au Parlement, quelle mesure de protection il entend donner aux industries *nécessaires à la prospérité du pays*.

On peut faire remarquer en passant que cette formule est nouvelle. On disait jusqu'ici les industries *essentielles à la sécurité nationale*, les industries-clefs; en disant les industries nécessaires à la prospérité du pays, le *Times* étend le champ de la protection, car il est facile de démontrer que toutes les industries, sans exception, sont nécessaires à la prospérité du pays. Revenons à son article.

(1) Supplément commercial.

Il faut donc un tarif. Mais les difficultés d'établir un tarif scientifique applicable aux conditions actuelles du Royaume-Uni sont très grandes et il faut autre chose.

« Cependant, dit le *Times*, il y a une alternative à un tarif scientifique, et il ne serait pas très étonnant que le Gouvernement l'adoptât, avec toutes ses imperfections et ses injustices reconnues. C'est, cela va sans dire, un tarif d'après lequel les droits sont calculés sur une base *ad valorem*, bien que ce tarif doive dans certains cas particuliers être très durs. »

Le journal anglais est aussi d'avis que les leçons de la guerre ont profité au peuple anglais, lequel maintenant est beaucoup mieux informé qu'autrefois sur le véritable caractère de la concurrence industrielle internationale.

« Nous croyons, dit-il en terminant, que l'on verra, lorsque le Gouvernement fera connaître sa politique, que celle-ci sera basée sur le principe général que certaines industries sont essentielles à la sécurité future de la Nation, et qu'il faut prendre les mesures nécessaires pour les conserver afin de reprendre une position qui nous permette une fois de plus de dominer les marchés intérieurs et extérieurs. En outre, nous croyons qu'il sera pris des mesures qui permettent de développer les ressources de l'Empire et les empêcher de tomber sous le contrôle de capitalistes étrangers. »

Cela est assez conforme à ce qu'a dit M. Chamberlain le 20 mai. La façon dont le *Times* s'exprime sur les droits *ad valorem* serait de nature à faire croire qu'il a eu sur ce point des indications ou reçu des inspirations que n'ont pas partagées ses confrères.

Le projet de loi sur les transports est fort attaqué.

Le projet de loi sur les Voies et Communications, qui, s'il était voté, placerait sous l'autorité d'un Ministre tout puissant, les voies ferrées, les routes, les canaux, les ports, les services internationaux de paquebots et les docks est de plus en plus mal vue du monde des affaires. Le gros public ne se rend pas bien compte de l'effet de cette loi qui l'intéresse tout autant qu'elle intéresse les gens d'affaires, puisque ses déplacements d'affaires ou de plaisirs seront réglementés par l'autorité, le dictateur qui aura le portefeuille des Transports, et c'est fort regrettable, car il faudrait une manifestation énergique et non équivoque de l'opinion publique pour arrêter le Gouvernement dans la voie où il s'engage. Quel *trust* serait comparable à celui des transports ? C'est la vie sociale, commerciale et industrielle du pays dont disposerait à son gré un seul Ministre. Remis à une des Commission parlementaires, ce projet de loi a étédiscuté tant bien que mal et approuvé. L'opposition des industries routières, des docks, des corporations, des négociants n'a pas fait une assez vive impression, et comme les séances de la Commission parlementaire n'ont eu qu'une publicité insuffisante, l'opinion est restée indifférente ou plutôt ignorante. Le danger est que lorsque le projet sera discuté à la Chambre même, le Gouvernement qui dispose d'une majorité écrasante et plus que docile, ne fasse voter sa loi. En tout cas, les hommes d'affaires sont bien décidés à discuter et à combattre ce projet de loi article par article, ligne par ligne.

Inconvénients de la loi.

Outre que la loi serait un premier et irrévocable pas vers la nationalisation des chemins de fer, ce qui devrait être suffisant pour la faire repousser, elle donnerait au Gouvernement des pouvoirs tellement étendus sur le commerce, l'industrie et les mouvements des particuliers que les affaires seraient compromises et que le commerce anglais serait dans une situation d'infériorité vis-à-vis des pays étrangers où les transports et les communications seraient libres. Il suffit de rappeler les difficultés, les formalités que réclame l'envoi d'un colis postal pour faire comprendre ce que seraient celles de l'expédition des innombrables colis, caisses, ballots, paniers du commerce. Le commerçant n'aurait pas le droit de choisir la voie d'expédition ; et en cas de retard, de dommages, de pertes, quel recours aurait-il contre le Ministre des Transports ? Tous ceux qui ont eu à réclamer un colis postal perdu fourniront la réponse. Il n'y aurait aucun recours possible. Et quant aux marchandises emmagasinées aux docks, quand, comment en obtiendrait-on la livraison, avec les formalités, les tracasseries et les paperasseries d'une bureaucratie sans initiative et inamovible ? Et comment discuter avec un Ministre qui a le pouvoir de fixer, de modifier à sa guise le tarif des transports des marchandises et des voyageurs, les droits de péage, les frais de magasin, etc., etc. Une pareille loi est d'une étendue et d'une complexité telles qu'elle serait impossible à appliquer, et les Chambres de commerce, les municipalités, les docks et les ports, secondés, il faut l'espérer, par l'opinion et la presse, en empêcheront probablement l'adoption, sous sa forme actuelle, en tout cas.

La Commission d'enquête sur l'industrie houillère.

La Commission d'enquête sur l'industrie houillère a terminé l'audition des témoins. Toute la seconde partie de l'enquête a porté uniquement sur la question de la nationalisation. Le Président M. le Juge Sankey, a annoncé la publication du rapport de la Commission pour le 20 juin. Ce sera aller vite en besogne, car il y a à relire et à peser une centaine de dépositions, et le 13 mai il avait été posé 17.000 questions et enregistré autant de réponses. Il est vrai, d'autre part, que les arguments pour et contre la nationalisation peuvent en général se résumer en deux arguments types fort longs, cela va sans dire, mais avec relativement peu de variantes.

Il y a du côté des défenseurs, des partisans de la nationalisation, un point faible, qui est que toute leur argumentation repose sur des hypothèses, et qu'ils n'ont pas d'exemples à donner ou de précédent à invoquer en faveur de leur projet. Ils affirment, mais ne fournissent aucune preuve. Si lors de la première partie de l'enquête, ils ont eu l'opinion pour eux sur la question de l'augmentation des salaires et de la réduction des heures de travail, la seconde partie portant uniquement sur la nationalisation, question pratique essentiellement, et dans laquelle l'élément sensationnel et sentimental, comme disent les Anglais, philantropique comme on pourrait dire avec plus de raison, n'entre pour rien, les mineurs paraissent avoir perdu dans l'opinion générale. Cela bien entendu, sans vouloir, en aucune façon, prédire quel sera le jugement de la Commission.

L'élément sensationnel (s'il s'agissait d'autre chose, on emploierait un mot plus court et moins courtois), a été fourni lorsque les représentants des mineurs à la Commission ont pris un plaisir évident à adresser des questions désobligeantes à plusieurs propriétaires de mines. Il peut y avoir quelque plaisir pour certaines gens à houspiller un pair d'Angleterre, duc, marquis ou simple baron, et à lui demander pourquoi il est riche alors que d'autres ne le sont pas, quelle est l'origine de sa fortune et à quoi il passe son temps. C'est un sport que l'on n'a pas toujours l'occasion de cultiver. Mais comme tous les luxes, il coûte cher. Dans l'espèce, il a coûté à ceux qui s'y sont livrés, la perte de l'influence qu'ils avaient d'abord acquise et exercée.

On oublie un peu le pays.

D'un autre côté, il est impossible de ne pas être frappé de l'indifférence des mineurs et des propriétaires de mines, négociants et autres envers le public, le pays en un mot. Nous demandons la nationalisation dans notre intérêt, disent les uns; nous la repoussons dans notre intérêt, ripostent les autres, et ce n'est qu'incidemment qu'il est question du consommateur et du contribuable.

La nationalisation d'une industrie quelconque, mines, chemins de fer ou autre, est, comme son nom l'indique, une affaire d'intérêt public; il se peut que l'intérêt public soit tantôt du côté des partisans de la nationalisation, tantôt du côté de ses adversaires; mais de toutes les façons, c'est l'intérêt général, national, qui doit être la cause déterminante et l'emporter finalement sur toutes autres considérations; c'est ce que personne à la Commission d'enquête ne paraît reconnaître aussi nettement et aussi complètement qu'il faudrait, pas plus le président que les membres de la Commission, que les témoins appelés, que même, s'il faut le dire, la presse.

Nous allons tâcher de résumer les dépositions pour et contre la nationalisation des mines qui ont été faites depuis nos dernières notes, en commençant par les adversaires de la nationalisation qui, pendant cette seconde partie de l'enquête, ont fait preuve de beaucoup plus d'activité et d'énergie que pendant la première partie, où la mollesse de leur attitude a certainement fait une impression défavorable sur le public.

La nationalisation serait un malheur national;

La nationalisation des mines, a dit M. C. E. Rhodes (1) serait selon son expérience, un malheur national si elle devait fermer l'industrie à l'initiative privée; elle serait mauvaise pour la nation en créant un immense monopole; il n'y aurait plus de frein à l'augmentation des prix du charbon. Quant à l'État, il n'obtiendrait pas le concours des hommes les plus capables pour le développement de l'industrie. L'exploitation de régions minières nouvelles et inconnues entraîne des risques financiers considérables et inévitables, que l'État ne saurait encourir.

Trois autres témoins, ingénieurs civils et des mines, ont exprimé des opinions semblables, et l'un d'eux, M. Bailey, a dit que l'État ne s'était jamais occupé des ressources minérales du pays soit pour les connaître soit pour les développer et que son intervention aujourd'hui serait une usurpation.

une usurpation.

Lord Gainford.

Si nous passons aux dépositions des propriétaires de houillères, la déposition la plus importante est certainement celle de lord Gainford (autrefois M. J. A. Pease), qui a parlé au nom de l'Association des propriétaires (*Mining Association of Great Britain*).

Ni nationalisation ni direction mixte.

Lord Gainford s'est déclaré hostile à la nationalisation des houillères et à tout système de direction des houillères impliquant une direction mixte ou le dualisme Il considère comme un devoir public de faire son possible pour combattre la nationalisation et empêcher le tort à la position commerciale de la Grande-Bretagne qui en résulterait. Il est convaincu, par l'expérience qu'il a acquise comme directeur des houillères et comme ministre (3) que la nationalisation de l'industrie houillère serait un désastre pour le pays. Par nationalisation, il entend l'achat des mines et leur direction et leur exploitation par l'État représenté par des employés du gouvernement, avec ou sans le concours de représentants des ouvriers.

La nationalisation serait un désastre.

---

(1) Ingénieurs des mines (Yorkshire, Nottinghamshire, nord Derbyshire).
(2) Ingénieur des mines, Birmingham.
(3) Lord Gainford, alors M. J. A. Pease, fit plusieurs fois partie du Gouvernement.

Ce que l'on n'a pas démontré.

Il faudrait que les partisans de la nationalisation prouvent : 1° que l'industrie houillère présente des particularités qui rendent nécessaire un traitement spécial ; 2° que les inconvénients existants ne peuvent être éliminés, avec le système actuel de l'industrie privée ; 3° que les remèdes proposés ne seraient pas pires que le mal ; 4° que le mal pourrait être guéri par la nationalisation ; 5° que les inconvénients résultant de la nationalisation ne seraient pas plus nuisibles à la nation que ceux du système actuel. Rien de tout cela, dit-il, n'a été démontré et selon lui, la démonstration ne peut être faite.

Inconvénients de la nationalisation.

Lord Gainford estime que, de toutes les industries, celle de la houille est l'industrie qui se prête le moins à une expérience de nationalisation, car, à cause de la nature et de la diversité des problèmes qu'elle soulève elle est la moins adaptable de toutes. La nationalisation aurait pour résultats : une augmentation des frais de production et du prix du charbon à l'intérieur et à l'exportation, et, partant la ruine de beaucoup d'industries nationales qui dépendent d'un approvisionnement de charbon à bas prix ; de plus, l'augmentation du prix de revient réduirait les quantités exportées, avec cette conséquence que l'augmentation des frêts entraînerait l'élévation du prix des produits importés et, en particulier, des matières premières et de produits alimentaires.

Passant en revue le passé, lord Gainford a expliqué que l'industrie houillère a toujours été développée dans une proportion adéquate aux besoins nationaux.

Autres raisons pour ne pas nationaliser les mines.

En plus des raisons données par lui contre la nationalisation, il en a donné deux autres qui sont, la première qu'il est impossible au commerce d'exploitation de s'adapter à un système de centralisation ; la seconde, qu'en vue du caractère complexe des industries alliées à l'exploitation et à l'utilisation du charbon et de ses sous-produits, il serait injuste envers des particuliers et désastreux pour bien des industries de tenter de décider du sort d'une industrie par une législation spéciale.

Projet de réorganisation de l'industrie.

Lord Gainford a ensuite esquissé un projet de réorganisation de l'industrie proposé par les propriétaires de mines. Voici ce projet :

1° Un taux minimum ou type de salaire à donner à chaque catégorie d'ouvriers dans chaque région, lequel, pour la protection du consommateur, sera fixé par une organisation à établir conformément aux propositions du Conseil industriel national ;

2° Les frais divers, autres que les salaires types, à comprendre dans le coût de la production, seront déterminés dans chaque région par des experts comptables nommés par les parties et qu'ils représenteront ;

3° Il sera établi dans chaque région, par les experts comptables, une proportion fixe destinée à la rémunération minima et à l'amortissement du capital des propriétaires ;

4° Le résidu de bénéfices restant après ces déductions sera réparti entre le capital et le travail dans des proportions à débattre, les ouvriers recevant leur part sous la forme d'un supplément de tant pour cent ajouté aux salaires-types.

Comme il se pourrait que dans les périodes de dépression les propriétaires eussent à payer les salaires fixes (types) bien que ne recevant pas eux-mêmes la rémunération convenue de leur capital, tout déficit de cette rémunération constaté dans un trimestre quelconque serait prélevé sur les bénéfices du ou des trimestres suivants, avant toute répartition des bénéfices entre les propriétaires et les ouvriers. La coopération des ouvriers et des propriétaires ou Compagnies serait effectuée par des Comités mixtes de mine ou toute autre espèce de Comités locaux ne disposant pas de pouvoirs exécutifs.

Lord Gainford a exposé comme suit les avantages de ce système : Les intérêts généraux du public seraient sauvegardés, l'initiative privée s'exercerait librement, la conservation du charbon serait assurée; les propriétaires et les ouvriers auraient le même intérêt à augmenter la production et à pratiquer l'économie dans les frais de production; les Comités mixtes amèneraient la coopération des ouvriers et le concours de leur expérience pratique; enfin on éliminerait les inconvénients du système actuel sans perdre les avantages que l'initiative privée et la direction privée ont donnés jusqu'ici.

La nationalisation serait mauvaise parce qu'elle serait un monopole.

M. F. P. Rhodes, membre aussi du Conseil de la *Mining Association*, a confirmé tout ce qu'avait dit lord Gainford et ajouté quelques déclarations intéressantes. Il repousse la nationalisation qui serait un monopole au détriment de tout le monde, il combat l'opinion de sir Richard Redmayne que la propriété privée des mines a été coûteuse ou gaspilleuse; et à ceux qui prétendent que les mineurs travailleront avec plus d'ardeur pour la communauté que pour des particuliers, il répond qu'il n'a jamais remarqué que le fait qu'un individu est employé du Gouvernement ait augmenté son activité ou lui ait inspiré un désir extraordinaire de travailler; et il a ajouté que, selon lui, le véritable mobile qui a poussé les gens à travailler autrefois et les poussera dans l'avenir est le besoin de gagner de quoi subvenir à leurs besoins, ou de quoi augmenter leur bien-être et celui de leurs familles.

On ne travaille pas mieux pour l'État que pour des particuliers.

Au contraire.

A ce propos, plusieurs déposants ont fait remarquer, dans le même ordre d'idées, que le simple fait qu'un homme est employé du Gouvernement et ne peut être renvoyé comme peu capable, qu'il a de l'avancement en vertu de son ancienneté et non de ses capacités, est peu favorable au développement de l'initiative ou de l'énergie des employés de l'État.

Les Chambres de commerce repoussent la nationalisation.

Les représentants des Chambres de Commerce de Cardiff, Leeds, Birmingham, Glasgow, Londres ont tous déclaré être absolument opposés à la nationalisation qu'ils considèrent comme nuisible aux intérêts du commerce et de l'industrie et dangereuse pour tout le monde.

Deux dépositions à remarquer.

Il est deux dépositions sur lesquelles il est tout particulièrement utile et intéressant d'insister, ce sont celles de Sir Charles Wade, l'agent général (représentant du Gouvernement) de la Nouvelle-Galles du Sud et de M. Fisher, ancien Ministre des Douanes et de la Marine de la Nouvelle-Zélande. Ces deux personnages, parlant avec l'autorité qui s'attache à leurs fonctions présentes ou passées, ont l'avantage d'avoir vu fonctionner dans leurs pays respectifs des industries nationalisées, et à ce titre leurs déclarations ont une valeur inestimable. Ils ont prouvé par leur expérience officielle et personnelle que les principaux avantages que l'on attribue à la nationalisation sont purement imaginaires. Écoutons Sir Charles Wade :

Sir Ch. Wade.

« La possession par l'État n'empêche pas les grèves. » C'est l'expérience universelle. Voilà qui est net. Ce n'est pas tout. Dans l'État de Victoria, les mineurs des houillères du Gouvernement se sont plusieurs fois mis en grève. Dans la Nouvelle-Galles du Sud, les employés des chemins de fer et des tramways de l'État, qui jouissent peut-être des conditions les plus avantageuses du monde entier, ont fait grève, bien que beaucoup soient restés fidèles au Gouvernement. Sir Charles Wades, à qui l'on a demandé si les ouvriers de l'État étaient plus satisfaits que les autres répondit qu'il n'a pas connaissance qu'il y ait une différence marquée. Il a aussi reconnu que, pour le progrès de l'industrie, il faut de l'argent et que ce que peuvent dépenser les entreprises privées, l'État ne peut le dépenser.

M. Fisher.

M. Fisher, l'ancien Ministre Néo-Zélandais, a dit que ni les opinions des mineurs, ni celles des propriétaires ne sont décisives et que les difficultés peuvent être surmontées par d'autres méthodes dont l'expérience pratique aura fait connaître les mérites. On peut améliorer la situation sans recourir à la nationalisation complète. Après les grèves nationales, la Nouvelle-Zélande a adopté avec succès une législation spéciale.

Industries nationalisées en Nouvelle-Zélande.

Beaucoup d'industries sont nationalisées en Nouvelle-Zélande, y compris celle de la houille. Les mineurs ont fait grève en 1913, et, en 1800, les cheminots firent grève en masse. M. Fisher dit que les règlements administratifs privent le fonctionnaire de toute initiative. Le principe des départements gouvernementaux est que si l'on donne à un fonctionnaire le pouvoir de prendre des décisions, il peut se tromper; et que, par conséquent, pour ne pas se tromper, il ne peut pas prendre de décisions. L'État n'est pas, n'a jamais été et ne sera jamais économe..... Mais il y a une objection insurmontable à la nationalisation. Elle crée un monopole, et tous les monopoles sont mauvais. Un monopole d'État est pire encore qu'un monopole particulier; celui-ci peut devenir capable, et pour lutter contre la concurrence privée, d'un côté, et pour éviter, de l'autre côté, une intervention de l'État. Si, dit encore M. Fisher, il est des membres de la Commission qui aient l'idée que la nationalisation empêchera les grèves, ils se trompent grandement. Toute l'expérience acquise est contre cette théorie de « l'élévation morale » que produit la conscience qu'on travaille pour l'État dont il a tant été parlé. Enfin, M. Fisher dit que l'on ne peut séparer la possession par l'État de l'influence politique, et que la possession par l'État étouffe tout esprit d'entreprise et d'initiative.

— Voulez-vous dire que vous représentez les vues du Gouvernement Néo-Zélandais? a demandé Sir Leo Money.

— Je crois que oui. J'en ai fait partie pendant trois ans et je sais bien quelle est sa pensée.

Un article de M. Fisher.

Dans un article qu'il a publié, le 8 juin, dans un journal hebdomadaire, M. Fisher a écrit :

« Les droits des hommes d'affaires sont en grand danger. Ce rêve chimérique de la nationalisation comme devant être le salut de la Grande-Bretagne est une forme d'aliénation mentale. Donnez à l'État tous les moyens de production, tous les moyens de transport et tous les bénéfices. Telle est la doctrine du *Labour*. Écoutez-la, et c'est la fin de l'énergie commerciale, de tout l'esprit d'entreprise.

» La nationalisation donne au *Labour* le pouvoir de diriger les grands services de l'État dans l'intérêt du *Labour*. Cela veut dire augmentation des salaires, réduction des heures de travail et production limitée. C'est une prime offerte à la paresse et à l'indolence. Cela donne au *Labour* le maniement d'énormes capitaux au moyen desquels il peut acheter la popularité au dépens des contribuables. Chemins de fer, houillères, docks, ports, électricité, tout cela sera volé à l'entreprise privée et livré à l'État. Les gens qui travaillent travailleront pour ceux qui ne veulent pas travailler. Les gens économes et énergiques seront saignés pour entretenir ceux dont le plus ardent désir est de vivre sans travailler.....

» L'expérience de la guerre a fait voir clairement ce que sont ces départements nationaux. Il n'est pas besoin d'exagérer des faits qui sont la condamnation flétrissante de tout le système. Le maquignonnage grâce auquel il a été appelé à des postes importants comme chefs d'administration des hommes âgés et infirmes, incapables et sans compétence, est trop connu pour qu'il soit nécessaire d'insister. Les dépenses folles, les erreurs hideuses, la confusion des attributions, les retards inconcevables, les personnels immenses et coûteux, avec leurs bureaux dispendieux et leurs méthodes lentes, voilà les résultats de la nationalisation sous ses formes les plus pernicieuses. »

Et M. Fisher donne ensuite de longs extraits du rapport de la Commission spéciale nommée aux États-Unis pour faire une enquête sur la nationalisation. Malheureusement il est impossible de le reproduire ici.

Les mineurs.

Personne n'a mieux représenté les idées des mineurs et plaidé avec plus de conviction la nationalisation que M. Straker, dont on connaît le projet de nationalisation déposé par lui au nom de la Fédération des mineurs et qui a été depuis incorporé dans un projet de loi. Il n'y a pas lieu de le reproduire puisqu'il a été donné ici même.

M. Straker a confirmé ce qu'il a déjà dit; mais il a ajouté qu'il est d'avis de ne pas indemniser les titulaires de redevances et que, de plus, il tient à limiter l'indemnité » à accorder aux propriétaires (Compagnies, etc.) de mines.

M. Straker a aussi affirmé qu'avec la nationalisation on aurait plus de charbons sans débourser davantage en salaires, parce qu'il y aurait des machines perfectionnées; qu'il n'y aurait plus de concurrence sur le marché intérieur et que les prix seraient fixés par des conseils créés en vertu de la loi.

Il est d'avis, en outre, que si même on offrait un plus grand gain aux mineurs, ceux-ci préféreraient la nationalisation.

Interrogé sur la probabilité d'une réduction des frais, M. Straker a répondu brillamment que « nous vivons dans une époque anormale ». Il y aura des grèves, dit-il, tant que les mineurs n'auront pas une part de responsabilité dans la direction.

Quant au commerce d'exportation, M. Straker s'en remettrait à des Comités spéciaux, et il assure que les intérêts des consommateurs seraient sauvegardés.

Si, lui a demandé un membre de la Commission, un consommateur avait à se plaindre de la qualité ou de la non-livraison de son charbon, quel recours aurait-il ? — Je ne suis pas homme de loi, a répondu M. Straker.

Et les autres minéraux ? lui a-t-on demandé. Que devient le droit légal des possesseurs ? — Je ne connais pas bien la loi, dit encore M. Straker.

M. Winstone, président de la Fédération des Mineurs du Pays de Galles (sud), interrogé sur la production décroissante et sur la psychologie des mineurs à ce point de vue, a dit que ce sentiment existe chez eux. « Je n'en doute pas, dit-il. Je considère que c'est une des questions les plus sérieuses du moment. Je l'attribue à une répugnance à produire de la richesse pour autrui. Il y a autre chose encore, plus ils produiront, plus il y aura de chances pour qu'on réduise leurs salaires. »

Rich. Redmayne explique les causes de la réduction de production.

Sur ce point, on va voir que M. Winstone est en contradiction avec Sir Richard Redmayne, l'inspecteur général des mines, qui a déclaré lors de la première partie de l'enquête que le système actuel est coûteux et gaspilleur, et même avec M. Straker.

Cette question de l'extraordinaire réduction de la production houillère depuis quatre ou cinq mois est des plus graves, comme l'ont démontré les statistiques officielles, dont les plus importantes ont été résumées au début de ces notes. Il y a plus de mineurs que jamais et ils produisent moins que jamais. Voici ce qu'a dit à ce propos Sir Richard Redmayne, en commentant les chiffres donnés :

« Ils indiquent une inquiétante réduction de la production par homme, par équipe employée ; la réduction est de 9 0/0, comparée à celle d'avant-guerre, et de près de 5 0/0 comparée à celle de juin 1918, et la diminution a été constante et persistante.

» Il n'est pas facile d'expliquer cette réduction. M. Straker donne une raison qui, si elle est une explication partielle, ne suffit pas à faire comprendre la diminution — il s'en faut — c'est que les mines sont pleines de mineurs qui reviennent de l'armée, qu'il n'y a pas dans les puits assez d'espace pour que les travailleurs se meuvent, et qu'il en résulte une diminution de production par mineur. La diminution a commencé il y a un an — il y a même plus d'un an — c'est-à-dire avant le retour de la masse des mineurs, et elle a continué depuis. On pourrait donner comme autres raisons de cette réduction :

» 1° Peut-être le développement arriéré des mines et le défaut d'outillage ;

» 2° Le fait probable que les mineurs, revenus après une longue absence, ne se sont pas encore « refait la main » ;

» 3° Le fait qu'un grand nombre de mineurs travaillent au salaire minimum qui, avec le salaire de guerre et l'augmentation uniforme récemment accordée, permet de gagner un salaire quotidien considérable sans qu'il soit nécessaire de travailler aux pièces ;

» 4° D'une façon générale, le taux élevé des salaires. »

Sir Richard Redmayne n'attache pas grande importance aux trois premiers points et voit dans le quatrième la principale explication. Il a ajouté cette explication :

« Le mineur travaille pour obtenir un certain niveau de bien-être, et lorsqu'il l'a atteint il est satisfait. Plus les salaires sont élevés, moins il est nécessaire de travailler pour atteindre à ce niveau. Je ne crois pas à une restriction voulue et systématique, mais le résultat peut être sérieux pour le pays tout entier, si l'on ne fait pas quelque chose, et vite, pour porter remède au mal. »

Qui a raison de M. Winstone, de M. Straker ou de Sir Richard Redmayne ? C'est bien difficile à dire. Il est possible que tous les trois aient donné des raisons très exactes pour expliquer la réduction de production. Mais s'il en est ainsi, la situation n'en est que plus grave et le remède plus difficile à trouver. Car qui empêchera les mineurs, si les mines étaient nationalisées, de fixer des salaires assez haut pour qu'ils gagnent en une journée la somme nécessaire à leur bien-être et de se reposer six jours ? On arriverait bientôt et inévitablement à ceci qu'il n'y aurait plus de bien-être possible ni pour les mineurs ni pour personne et que la Grande-Bretagne et sa population seraient ruinés.

Un article tout récent du « Times ».

L'on ne saurait mieux faire, pour terminer, que de citer quelques passages d'un article du *Times*, du 21 juin, sur la question du charbon et sur la Commission d'enquête :

« Comme dans toutes les questions de ce genre, les intérêts particuliers ont complètement éclipsé les intérêts nationaux, bien que ceux-ci soient les plus importants de beaucoup.

» La Commission, dit le journal anglais, ne paraît pas se douter que le public s'impatiente. Le public comptait sur la Commission pour jeter de la lumière sur des points obscurs comme ceux-ci : Pourquoi la production diminue-t-elle? Pourquoi les prix sont-ils si élevés? Dans quelle mesure la possession des mines par des particuliers réagit-elle sur cet état de choses? Et dans quelle mesure les associations de mineurs? Et s'il peut être démontré que la propriété particulière est incompétente ou injuste envers les mineurs, quelles sont les perspectives que fait entrevoir ce que l'on appelle vaguement la nationalisation? Le public désire qu'il soit fait justice entre les intérêts opposés, mais non à un prix qui ressemble beaucoup à un vol concerté.....

» Les uns blâment les mineurs à cause de leurs exigences exorbitantes, les autres croient que les Compagnies tondent le consommateur. Comme toujours, la vérité est entre ces deux points de vue; mais il est une raison plus importante pour la découvrir..... Le charbon est un élément de l'actif national, la pierre d'assise de l'industrie intérieure et, comme article d'exportation, il remplace dans notre commerce extérieur le numéraire..... C'est un lieu commun. Mais on est porté à oublier ces platitudes lorsque la poche de l'individu est aussi directement atteinte que par le prix du charbon et le bien-être individuel par sa rareté. Si l'importance nationale du charbon avait été constamment présente à l'esprit de chacun des membres de la Commission du charbon, et de chacun des déposants, ses travaux eussent certainement été bien différents et probablement plus utiles. »

Ce qui est fort juste; mais le *Times* a mis bien longtemps à s'en apercevoir.

IMPRIMERIE CHAIX, RUE BERGÈRE, 20, PARIS. — 12000-6-19. — (Encre Lorilleux).

SERVICE D'INFORMATION

7, Rue de Madrid, 7

PARIS

CORRESPONDANCES DE L'ÉTRANGER

ESPAGNE

LA SITUATION POLITIQUE ET LA QUESTION ÉCONOMIQUE

Notre correspondant en Espagne nous écrit à la date du 17 juin 1919 :

1° Les Élections législatives.

La Chambre élue en février 1918 était composée de la manière suivante :

A. *Conservateurs.*

Mauristes et Laciervistes (extrême droite dynastique)	52
Libéraux conservateurs (Dato)	97
Indépendants (catholiques, etc.)	2

B. *Libéraux dynastiques.*

Démocrates (Garcia Prieto)	67
Libéraux proprement dits (Romanones)	41
Libéraux-radicaux (Alba)	29
Libéraux du groupe de M. Gasset	8
— — M. Alcala Zamora	11
Indépendants	7

C. *Régionalistes.*

Régionalistes catalans (Cambo)	22
Nationalistes basques	7
Régionalistes des autres provinces	3

D. *Opposition antidynastique.*

Réformistes (Melquiades Alvarez)	9
Républicains	16
Socialistes	6
Jaimistes et intégristes	9

Les élections qui viennent d'avoir lieu (1er juin) ont donné les résultats que voici :

A. *Conservateurs.*

Mauristes et Laciervistes (extrême-droite dynastique)	104
Libéraux conservateurs (Dato)	93
Conservateurs indépendants	5

B. *Libéraux dynastiques.*

Démocrates (Garcia Prieto)	52
Libéraux proprement dits (Romanonès)	39
Libéraux-radicaux (Alba)	30
Libéraux du groupe de M. Gasset	5
— — M. Alcala Zamora	5
Indépendants	2

C. *Régionalistes.*

Régionalistes catalans (Cambo)	15
Nationalistes basques	5
Régionalistes des autres provinces	3

D. *Opposition au régime.*

Réformistes (Melquiades Alvarez)	6
Républicains	18
Socialistes	6
Jaimistes et intégristes	5

Ainsi la comparaison entre les deux Chambres s'établit sous cette forme :

	1918	1919	Différence.
Conservateurs	151	202	+ 51
Libéraux	163	133	— 30
Régionalistes	22	15	— 7
Opposition républicaine	31	30	— 1
— dynastique	9	5	— 4

Ces chiffres ont à peine besoin d'être commentés. Il suffit de rappeler que le Cabinet Maura a été constitué dans des conditions extra-parlementaires et qu'il a eu contre lui, depuis ses débuts, les chefs des principaux partis du Parlement. Sa situation se trouve donc profondément modifiée du fait des élections qui, si elles ne lui donnent pas une majorité absolue, n'en font pas moins de son groupe la fraction la plus importante, numériquement parlant, de la nouvelle Chambre.

On a dit et répété sur tous les tons que la victoire ministérielle n'en était pas une et que la majorité du Gouvernement était à la merci du groupe présidé par M. Dato. La vérité est que les deux fractions du parti conservateur sont prisonnières l'une de l'autre et que, s'il est difficile à M. Maura de se passer du concours des éléments plus modérés de la droite, il serait encore plus malaisé à ceux-ci de venir au pouvoir sans l'agrément des mauristes.

On remarquera que les deux groupes les plus malmenés par le scrutin sont ceux que président respectivement MM. Garcia Prieto et Cambo. Les démocrates de M. Garcia Prieto ne devaient en réalité leur importance dans la précédente Chambre qu'au fait que celle-ci avait été élue sous un ministère dirigé par cet homme politique. La réduction numérique de leur représentation dans les futures Cortès donnera une idée plus exacte de leur influence réelle.

Quant aux régionalistes de M. Cambo, ils ont fait depuis deux ans tant de volte-faces qu'il n'est pas étonnant que les Catalans leur en aient tenu rigueur. Ils ont lié partie tour à tour avec les droites et avec les républicains, avec les Juntes militaires et avec les organisations ouvrières, avec le Gouvernement et avec l'opposition. Quoi qu'on en ait pu dire, ils n'ont guère été plus conséquents dans leurs sympathies internationales. M. Cambo a, certes, multiplié les avances à l'égard des Alliés lorsqu'il a pensé qu'une pression discrète venue du dehors était susceptible de donner du poids à sa campagne autonomiste. Mais il est difficile d'oublier que, lors de la tension hispano-allemande, pendant l'automne de 1918, il fut de ceux qui s'opposèrent le plus énergiquement, dans les Conseils de la Couronne, à l'adoption d'une politique de fermeté vis-à-vis du Cabinet de Berlin.

Les républicains et les socialistes remportent des avantages dont on peut dire qu'ils sont plutôt moraux que numériques. Ils triomphent à Madrid, peut-être parce que la question religieuse, assez inopportunément soulevée par la consécration officielle de l'Espagne au Sacré-Cœur deux jours avant les élections, a été exploitée avec adresse et rapidité par les ennemis du régime. On ne notera pas sans surprise que la candidature socialiste, qui réunit près de 40.000 voix dans la capitale, n'a pas obtenu le dixième de ces voix à Barcelone, où elle perd l'unique député qu'elle avait fait passer en 1918.

A Valence même, les socialistes perdent du terrain. On a peine à croire, cependant, que Madrid, ville bourgeoise à peu près dépourvue d'industrie, soit d'idées plus avancées que les deux grands centres ouvriers de la région catalane ou valencienne. En réalité, les éléments syndicalistes, assez nombreux dans ces centres, se sont abstenus par principe. Inversement, à Madrid, des monarchistes convaincus, appartenant aux fractions libérales, ont voté pour des républicains ou des socialistes, dans le seul but de faire échec aux candidats officiels.

Comme on le voit, il faut se garder d'exagérer la portée des dernières élections espagnoles qui ont fait, comme toutes les précédentes, une part beaucoup plus large aux personnes et aux circonstances qu'aux programmes et aux idées.

Au point de vue parlementaire, la caractéristique de ces élections, c'est un effritement de plus en plus marqué des majorités. La droite se divise en trois groupes, également impuissants à se passer les uns des autres. La gauche est exactement dans le même cas. Ce système tend naturellement à accroître l'instabilité du Gouvernement, car une loi bien connue de la psychologie politique veut que l'opposition atténue les divergences tandis que l'exercice du pouvoir les accentue.

Mais il ne faut pas oublier non plus que le gouvernement est, en Espagne, aussi peu parlementaire que possible. Voici des années que les Cortès se résignent à une action intermittente, entrecoupée par les décrets de clôture ou de dissolution ; elles n'ont ni intervention dans les changements d'équipes ministérielles, ni influence sur la marche générale des affaires publiques.

Aussi l'opinion personnelle du chef du gouvernement, en face de la situation créée par le scrutin du 1er juin, est-elle la suivante. Le Ministère a devant lui deux champs d'action : le Parlement et le pays. Il considère que, dans l'état actuel des mœurs politiques, le Parlement n'est pas la représentation authentique de l'Espagne. Néanmoins, il cherchera à gouverner avec les Cortès. Comme il y rencontrera, de la part des gauches antidynastiques, une obstruction implacable, il recourra à la « guillotine », procédure récemment instituée et qui permet de clore les discussions parlementaires sur un vote de la majorité. Reste à savoir si cette mesure extrême peut être systématiquement appliquée.

Dans le cas où, malgré la guillotine, le Ministère ne réussirait pas à s'entendre avec les Chambres, il lui faudrait ou passer la main — et le Cabinet qui lui succéderait se verrait dans une situation encore plus malaisée, — ou revenir au régime des décrets et à l'exercice extraparlementaire du pouvoir. Il s'appuierait, dans cette éventualité, sur les éléments conservateurs du pays, sur les organisations catholiques, sur l'armée ; et l'on peut être persuadé que, de ce côté-là, on ne lui marchanderait aucun concours, tant est grande en Espagne la puissance des forces de réaction, tant y sont vives les appréhensions que le bolchevisme et le syndicalisme entretiennent dans les classes possédantes et dans la bourgeoisie.

Sans doute, la presse libérale de toutes nuances se montrerait-elle fort scandalisée de voir M. Maura tourner le dos au Parlement et attribuer au maintien de l'ordre public plus de poids qu'à la constitution. Mais est-il besoin de rappeler que le leader conservateur ne ferait, en agissant ainsi, qu'imiter l'exemple de MM. de Romanones et Garcia Prieto, lesquels, se réclamant de principes libéraux, étaient encore moins fondés que lui à gouverner sans Cortès ?

2° L'Emprunt.

La *Gaceta de Madrid*, journal officiel, a publié, le 2 juin dernier, le décret en vertu duquel le gouvernement émet 1.656 millions de pesetas de titres de Dette perpétuelle au taux de 4 0/0.

Le type d'émission est de 75 0/0. En réalité, il revient à 75,43 pour le souscripteur en raison des délais qu'accorde le décret pour la libération des titres. Comme ces titres commencent à porter intérêt à partir du 1er juillet, le premier versement perd les intérêts et le dernier gagne, soit une différence de 0,07 en faveur du souscripteur.

Il était nécessaire de consolider la Dette flottante, qui s'élève actuellement à 892.935.500 pesetas ; le gouvernement a voulu faire face, par la même occasion, aux 357 millions d'excédent de dépenses que laisse prévoir le budget courant.

Le moment présent a été jugé favorable à un emprunt : les fonds publics sont en hausse constante, accusant la confiance de la Bourse dans le crédit de l'État ; les soldes des comptes courants en banques témoignent d'autre part, par leur importance, que l'épargne nationale est en situation de répondre à l'appel qui lui est adressé.

Des dix milliards qui constituent aujourd'hui la Dette consolidée de l'Espagne, 6.734 millions sont du type 4 0/0 Intérieure perpétuelle. A partir du 1er juillet, il y aurait lieu d'ajouter à ce chiffre les 1.656 millions du nouvel emprunt. Ainsi, sur une Dette totale de près de 12 milliards, 8.390 millions appartiendront à ce type.

L'émission actuelle soulève, dans la presse, diverses critiques de détail.

On reproche d'abord au gouvernement de vouloir prélever sur l'emprunt la somme nécessaire pour équilibrer le budget en cours ; c'est là un expédient grâce auquel il semble vouloir s'affranchir d'une politique rationnelle de réformes fiscales tendant à niveler dès maintenant les recettes et les dépenses.

On critique la préférence donnée, sur le conseil de la majorité des banquiers et de la presse financière, à la Dette perpétuelle sur la Dette amortissable. La *Jornada* écrit à ce sujet : « On comprend parfaitement que le rentier préfère la Dette perpétuelle. En effet, l'amortissable 5 0/0, coté à 96, ne peut guère dessiner une hausse de plus de quatre points, car l'éventualité de l'amortissement au pair suffit à enrayer la hausse. L'intérieur, au contraire, offre plus de quatre points de marge jusqu'au pair. Mais la raison qu'à le public de préférer ces titres est précisément celle que doit avoir l'État pour s'abstenir de les émettre..... Notre intérieur 4 0/0 est en réalité un 3,20 0/0, du fait de l'impôt de 20 0/0 qui frappe les coupons. Comme la capitalisation s'opère présentement aux environs de 4 0/0, le type d'émission ne peut arriver à 80. L'État perd la possibilité de convertir, tant que le type de capitalisation ne descend pas au-dessous de 3,20, ce qui n'est naturellement pas à prévoir. »

On paraît regretter également que le chiffre de la dette émise ne soit pas plus élevé. Les 1.656 millions émis ne produiront (sans parler de la commission) que 1.250 millions d'argent liquide, avec lesquels on couvrira le déficit de 1918 et, dans une mesure seulement, celui de 1919. C'est-à-dire que l'opération n'aura pas suffi à dégager complètement la situation et qu'elle nuira au grand emprunt de 10 milliards dont tout le monde reconnaît la nécessité pour assurer le développement de la vie nationale (voies de communications, mines, agriculture, défense nationale, instruction publique).

Enfin on critique, comme étant trop compliquée, la réglementation technique de l'emprunt. En effet, ceux qui souscriront en espèces métalliques verseront dix pour cent lors de leur souscription. Le 1er juillet prochain, ils verseront la somme nécessaire pour arriver à 50 0/0 de cette souscription; le 1er août suivant, ils verseront les 25,50 0/0 qui resteront.

Ceux qui souscriront à l'aide d'obligations du Trésor à 4,75 et 4 0/0 présenteront unis les coupons du 1er juillet et du 15 août; on leur servira un intérêt de 5 0/0 pour l'anticipation d'échéance.

Ceux qui souscriront avec des bons du Trésor subiront le décompte des intérêts liquides de la nouvelle émission depuis le 1er juillet jusqu'à la date d'échéance des dits bons.

Néanmoins, la grande presse se montre, dans son ensemble, disposée à reconnaître que l'opération était, en principe, indispensable et que les défauts ci-dessus énumérés n'en empêcheront point le succès. Un économiste, M. Ramon de Okascoaga, dont les campagnes germanophiles dans le *Debate* de Madrid, et la *Gaceta del Norte*, de Bilbao, ont été, au cours de la guerre, aussi passionnées que perfides, compare l'emprunt espagnol aux émissions qui ont eu lieu en France depuis 1915. Il rappelle les conditions dans lesquelles ont été souscrits les emprunts de 1915, 1916, 1917 et 1918, et conclut : « Dans l'emprunt espagnol qui vient d'être annoncé il n'y a ni exemption fiscale, ni prime de remboursement, ni délai d'inconvertibilité. Il n'y a, de la part de l'État, que l'obligation pure et simple de payer l'intérêt de 4 0/0. Il est sous-entendu que cette rente est sujette à l'impôt de 20 0/0 en vigueur et que l'État se réserve le droit de décréter une augmentation de cet impôt, ou d'en créer un nouveau, ainsi que la faculté d'amortir tout ou partie de la dette, ou de la racheter, ou de la convertir...... Tout cela concourt à l'intérêt public, alors qu'au contraire les limitations et entraves que l'État français s'est imposées à lui-même, lors de l'émission de ses derniers emprunts, risquent de lui faire le plus grand tort et, par conséquent, de léser la nation au profit d'une catégorie privilégiée de rentiers..... Mais, si l'on tient compte de la fascination illusoire que subissent nombre de capitalistes espagnols et des grandes facilités qu'offrent à l'émigration de notre argent la proximité de la France et d'autres circonstances, il ne faut pas non plus s'exagérer les profits que le Trésor peut espérer de l'émission, surtout si on compare ces profits à l'abondance actuelle des disponibilités dans notre pays. »

Il est certain qu'il y a, dans le dessein du Gouvernement, l'intention d'atteindre l'argent inactif que la guerre a introduit en Espagne et dont l'imagination populaire a décuplé le montant, d'ailleurs formidable. Mais cet argent est sollicité déjà par nombre d'affaires en voie de formation et qui promettent un intérêt autrement rémunérateur que l'emprunt.

Cependant une constatation s'impose. C'est que le Gouvernement actuel, qui a su rétablir l'ordre par des moyens plus efficaces que constitutionnels, est beaucoup plus qualifié que ses prédécesseurs pour lancer une opération de ce genre. Il a la confiance non seulement de la finance mais encore de l'immense majorité du monde producteur. Un Ministre disait, il y a quelques jours : « Tandis que les gauches montent leur offensive contre nous, les valeurs espagnoles accusent une exceptionnelle fermeté et la Bourse témoigne d'une confiance absolue. Tout ce qui représente l'industrie ou le commerce démontre une parfaite tranquillité. C'est là un phénomène éloquent et dont le Gouvernement ne peut pas ne pas tirer la morale ».

Il semble que cet optimisme officiel soit assez justifié.

3° La Question agraire.

C'est pour le moment l'aspect le plus critique, socialement et économiquement parlant, de la vie espagnole. Le syndicalisme catalan, qui s'est développé à la faveur de l'agitation autonomiste et grâce à la politique hésitante du comte de Romanones, semble passer maintenant par une période d'accalmie, soit que le prolétariat soit las de l'effort qu'il a fourni ces derniers mois, tant dans le domaine de l'organisation que dans celui de l'action, soit que la manière forte du Gouvernement ait produit, là aussi, ses effets.

La crise agraire, au contraire, reste ouverte en Andalousie. Elle découle, comme on le sait, d'une forme défectueuse de la propriété. Dans la majeure partie de l'Espagne, la terre est très morcelée ; le petit et le moyen cultivateur dominent. Propriétaires ou fermiers des domaines qu'ils exploitent, ces cultivateurs ne constituent pas de grandes agglomérations ouvrières à la merci d'un salaire aléatoire. Ils sont attachés à la terre par leur intérêt bien compris. Mais il n'en va pas de même en Andalousie où la propriété est entre peu de mains et où le nombre des journaliers, sans attaches avec le sol, est extrêmement élevé. Ces journaliers sont généralement exploités par les locataires des fonds, et leur malaise en fait une proie facile et toute désignée pour la propagande révolutionnaire.

Le remède paraîtrait assez facile à trouver dans un pays aussi peu peuplé et aussi mal cultivé que l'Espagne. Est-il besoin de rappeler qu'alors que l'Italie compte 118 habitants par kilomètre carré, l'Andalousie, en dépit de sa légende de fertilité, n'en compte que 40, soit un de plus que la moyenne de la Péninsule (39). 50 0/0 du territoire espagnol est inculte (la proportion est, pour la France, de 9 0/0 ; pour l'Angleterre de 28 0/0). Or, d'après les données fournies par la direction de l'Agriculture, sur les 50 millions d'hectares qui constituent la superficie du royaume, il n'y en a guère que 3.500.000 qui soient incultivables.

Et cependant, l'organisation agraire est si défectueuse que le prolétariat andalous meurt de faim à côté de terres en friches. L'étude des salaires est à cet égard profondément suggestive.

Dans la province de Séville, le journalier agricole gagne de 1,25 à 2 pesetas, plus la nourriture, qui se compose de « gazpacho » (pain avec de l'eau, de l'huile et du vinaigre, des piments, de l'ail et des tomates) pour le déjeuner, et d'un plat de garbanzos pour le dîner ; soit la valeur de 2,25 à 3 pesetas par jour. Les autres travaux des champs se payaient, l'hiver passé, à raison de 2 pesetas et 2,25 pour l'échardonnage et autres opérations faciles; de 2,50 à 3 pesetas pour les opérations plus compliquées, telles que les semailles et autres ; de 3 à 3,50 pour la taille des oliviers. Les femmes ont touché des salaires qui varient entre 1,25 et 1,50.

Pendant l'été, les salaires sont généralement plus élevés, surtout lors des travaux de fauchaison ; ils étaient, l'été dernier, de 4 à 8 pesetas.

Il convient d'ajouter que la plupart des ouvriers sont temporaires ; ils ne touchent rien les jours de pluie ni ceux où les travaux des champs sont suspendus. Au total, leur salaire moyen revient, pour les 365 jours de l'année, à 2 ou 2,25.

On comprend que, dans ces conditions, la vie ne leur soit guère facile et que leur mécontentement s'aggrave quand ils voient les gains des propriétaires et des fermiers considérablement accrus du fait des années de guerre et appelés à se maintenir tant que les céréales et les huiles garderont leur prix actuel.

L'indice le plus caractéristique de cette hausse des gains, c'est l'invraisemblable accroissement de la propriété foncière dans cette région et les grandes fortunes qui s'y sont improvisées pendant ces dernières années. Certains fonds se sont vendus cette année le triple et même le quadruple du prix qu'ils avaient coûté il y a quatre ou cinq ans. Les revenus ont doublé du triple entre 1914 et 1919.

S'ils touchent des salaires dérisoires, les journaliers andalous travaillent en proportion. La journée de travail utile, tout compte fait, ne dépasse guère quatre à cinq heures l'hiver et six à sept heures l'été.

Cet état de choses s'est longtemps manifesté par une émigration constante qui a dépeuplé les provinces du sud. Mais à l'heure actuelle, l'émigration a été rendue presque impossible, et le mécontentement, arrivé à son paroxysme, se traduit par des mouvements de caractère nettement révolutionnaire et qui, s'ils n'étaient rapidement enrayés, pourraient faire craindre une jacquerie. Certaines provinces, celle de Cordoue en particulier, sont en proie à des convulsions anarchiques. Les attentats contre la propriété privée s'y répètent. Le syndicalisme agraire se répand en menaces terribles : un de ses délégués, venu récemment à Madrid, disait tout haut qu'on se jouait en Andalousie de la garde civile et des mitrailleuses parce qu'on y peut faire la révolution avec des boîtes d'allumettes. Bref, les pouvoirs publics se trouvent en face d'un problème tragique dont la solution ne saurait être différée.

Depuis quelques semaines et sous la pression du Gouvernement, les propriétaires ont consenti à relever un peu le salaire des ouvriers agricoles. Mais cette mesure est inefficace, car les propriétaires andalous sont, dans leur immense majorité, de petits cultivateurs ou d'anciens colons. La terre appartient, dans la proportion de 80 0/0, à des aristocrates absentéistes, qui négligent complètement la culture et réservent leurs domaines à la chasse ou à l'élevage des taureaux. C'est donc du côté d'une transformation complète du régime de la propriété qu'il faut s'orienter.

Un effort dans ce sens avait déjà été fait en 1908, grâce à la loi Gonzalez Besada sur la colonisation. Cette loi a créé un organisme, dit « Junta de Colonizacion » ayant pour mission de faciliter le morcellement des domaines de propriété publique. Un nouveau projet de loi, beaucoup plus hardi, fut présenté en 1914 pour étendre la compétence de la Junte aux terres de propriété privée. Le 30 octobre dernier, un règlement sur la colonisation intérieure autorisait les municipalités à céder les terres communales à des particuliers moyennant un cens réservatif du domaine direct (emphythéose) L'Etat, par l'intermédiaire de la Junte centrale de Colonisation, garantit aux municipalités la perception de ce cens que doivent acquitter chaque année les colons installés sur les terres cédées dans ces conditions.

Les municipes se trouvent ainsi en possession d'un instrument d'action sociale dont le maniement est pratique et l'efficacité immédiate. Il leur suffit de reviser le domaine communal et les biens propres de la commune, puis de faire connaître à la Junte centrale de colonisation l'étendue et la capacité des terres qui peuvent être cédées. La Junte envoie aussitôt ses ingénieurs pour étudier et préparer sur place l'installation de la nouvelle colonie.

Voilà ce qui a été fait dans l'ordre pratique. Il va de soi qu'aux sollicitations du Gouvernement les mairies ne répondent pas avec un égal empressement. Mais l'impulsion est donnée et le mouvement ira se développant.

Les grands propriétaires ne tarderont pas à entrer eux aussi dans la voie du morcellement des « latifundios ». Quelques-uns, plus éclairés, ont pris les devants en transférant le domaine utile d'une partie de leur fonds aux occupants actuels. Les autres, par crainte du communisme ou d'attentats directs, s'apprêtent prudemment à des sacrifices reconnus inéluctables. Le roi agit personnellement dans ce sens auprès des grands féodaux qui vivent à la Cour. Enfin, en Espagne comme ailleurs, la multiplication de la petite propriété rurale est un phénomène chaque jour plus intense, par le seul fait de l'accroissement de la valeur vénale des parcelles.

La question occupe, dans la presse et l'opinion, une place tout à fait prépondérante. L'étude la plus documentée qui en ait été faite est due aux ingénieurs agronomes du service cadastral de l'Andalousie; elle a été présentée sous forme de rapport au Ministre du Fomento. Voici les conclusions de ce rapport :

1° Expropriation par l'État des grands domaines non cultivés ou insuffisamment cultivés, contre allocation aux propriétaires d'une indemnité en titres amortissables, équivalente à la valeur actuelle du fonds telle qu'elle sera déterminée par des experts désignés à cet effet par l'État;

2° Les domaines expropriés seront donnés à ferme à de petits cultivateurs. Ces derniers n'auront qu'à en faire la demande à l'organisme représentant l'État et à accepter les conditions qui leur seront indiquées;

3° On divisera le fonds en parcelles de valeur égale et on ne donnera à chaque colon que l'étendue qu'il pourra cultiver par lui-même, étendue qui devra être suffisante pour assurer la vie d'une famille avec un modeste bien-être;

4° Chaque cultivateur ne pourra avoir à ferme qu'une seule parcelle. Il lui sera interdit de sous-affermer;

5° Les colons d'un même district municipal auront l'obligation de se constituer en syndicat, avec le concours d'un technicien officiel, pour obtenir un capital d'exploitation, des machines, etc. Ces syndicats seront régis par des statuts spéciaux qui pourront être, à quelques variantes près, les mêmes que ceux qui régissent les nombreux syndicats de ce genre existant déjà en Espagne;

6° Le syndicat répondra, avec la garantie solidaire des colons, du payement des sommes avancées par l'État et de la rente convenue;

7° La rente perçue par l'État devra être suffisante pour couvrir le payement des intérêts et l'amortissement des domaines expropriés;

8° Cette rente sera réduite proportionnellement au dommage subi par la récolte dans les cas de sécheresse prolongée, gelée, grêle ou calamité;

9° Quand il s'agira de terrains incultes, exigeant un défrichement, les colons seront dispensés de payer la rente pendant un temps qui variera selon les cas mais ne dépassera jamais trois ans.

10° La durée de l'affermage sera de dix ans au moins. Le colon pourra le renouveler indéfiniment, pourvu qu'il satisfasse à toutes les conditions fixées et qu'il s'acquitte intégralement et ponctuellement de la rente annuelle qui lui est imposée;

11° Le colon a droit, dans le cas où il abandonne la ferme, à percevoir une somme égale à la valeur intégrale des améliorations qu'il y a apportées;

12° Les terrains incultes et non susceptibles d'être cultivés mais pouvant être utilisés au point de vue forestier seront exploités collectivement par tous les habitants, mais sous le contrôle de techniciens officiels, qui éviteront les abus et assureront le reboisement.

Ceux qui ne pourront être utilisés que comme pâturages seront exploités à titre individuel, et les exploitants paieront une certaine somme par tête de bétail à la municipalité.

A côté de cet intéressant projet, il y a lieu de mentionner les idées d'un des plus éminents économistes de la Péninsule, le vicomte de Eza, président de l'Institut de Réformes sociales, qui est, en Espagne, l'embryon d'un futur Ministère du Travail.

Le vicomte de Eza aperçoit surtout le remède dans le développement de l'esprit d'association, tant chez les propriétaires que chez les ouvriers. Il voudrait voir se multiplier les Comités municipaux mixtes, de patrons et d'ouvriers, afin de régler par voie d'entente locale toutes les questions relatives aux salaires, à la durée du travail, etc. Au-dessus de ces Comités, un Comité provincial serait constitué également par des patrons et des ouvriers, élus par leurs Fédérations respectives ou par les Comités municipaux eux-mêmes ; il exercerait les fonctions d'arbitre et donnerait aux clauses des contrats leur forme définitive.

Les organisations catholiques ont tenu à montrer que le problème agraire ne les laissait pas indifférentes. La « Fédération Catholique agraire » s'occupe de faciliter le placement des journaliers et d'améliorer sa condition. Elle fait campagne pour une réforme de la législation dans le sens d'une limitation du droit de donner congé au colon. La solution qu'elle préconise consiste à intéresser d'une façon permanente le travailleur au rendement de l'exploitation. Elle prévoit une évolution du régime agraire qui substituerait le bail à long terme au travail à gages, l'emphythéose au bail à long terme, la propriété individuelle à l'emphythéose et la propriété familiale inaliénable *(homestead)* à la propriété individuelle.

Mais elle réclame aussi, pour les syndicats catholiques, le droit exclusif de s'interposer entre l'État et les colons au cours de la période transitoire de transformation. Il est facile d'apercevoir l'arrière-pensée qui se cache au travers de cette prétention.

4° Création de Bourses du travail.

En attendant que la question agraire fasse l'objet d'un nouveau statut législatif, le Gouvernement, pour parer aux manifestations les plus aiguës de la crise, vient de créer, par « Real decreto » du 12 juin, des Bourses du travail agricole dans les localités où fonctionnent déjà des Chambres agricoles, c'est-à-dire à Almeria, Berja, Vera, Jerez de la Frontera, Arcos de la Frontera, Villamartin, Cordoue, Montilla, Lucena, Fuenteovejuna, Bel alcazar, Grenade, Loja, Huelva, Malaga, Seville, Carmona, Moron de la Frontera, Ecija, Jaen, Linares, Caceres et Badajoz.

Les Bourses du travail fonctionneront, auprès de chacune de ces Chambres, par le moyen d'une Junte (Comité) composée d'un nombre égal de patrons et d'ouvriers. Les patrons seront choisis parmi ceux qui font partie de la Chambre. Les ouvriers seront désignés par les centres agricoles qui existeront dans la localité à la date de la promulgation du décret. Les différentes associations se mettront d'accord en vue de cette élection.

Les Bourses du travail agricole auront pour rôle :

1° De trouver de l'emploi aux chômeurs par un service de centralisation des demandes et des offres et en se mettant, à cet effet, en relation les unes avec les autres ;

2° De dresser un recensement des ouvriers agricoles et une statistique du chômage ;

3° D'exécuter les instructions qui leur seront données en raison de leurs attributions par le Ministère du Fomento.

Elles pourront organiser des institutions de secours mutuels contre le chômage.

L'État leur attribuera, après six mois d'exercice, une subvention proportionnée aux résultats obtenus par leur activité, sur le vue d'un rapport adressé à cet effet au Ministre du Fomento par l'Assessorat du Travail.

5° Questions maritimes.

Une note du Ministère des Ravitaillements en date du 9 juin dispose que l'autorisation du Comité de Trafic maritime cessera d'être nécessaire pour les bateaux marchands espagnols en partance.

Cette disposition est une nouvelle étape vers le rétablissement de la liberté de la navigation.

Rappelons à ce propos, dans leur ordre chronologique, les lois, décrets ou reales ordenes qui ont fait passer progressivement aux mains de l'État, pendant ces années de guerre, la flotte marchande de la Péninsule.

1° Loi du 18 février 1915 autorisant le Gouvernement à adopter toutes dispositions qui lui paraîtraient convenables pour régulariser les frets et rendre au commerce national les bateaux qui en auraient été détournés ;

2° Décret du 7 janvier 1916 tendant à empêcher la dénationalisation de la marine marchande espagnole : est prohibée la vente de tout vapeur ou voilier d'un tonnage supérieur à 500 tonnes et ayant moins de quinze ans de construction ;

3° Real orden du 3 mars 1916 créant sous le nom de « Junte des Transports maritimes » un organe chargé de connaître de la réglementation des questions de navigation marchande ;

4° Décret du 26 janvier 1917 obligeant (art. 4) les Sociétés de navigation à rendre mensuellement compte à la Direction du Commerce des opérations et des itinéraires effectués par leurs bâtiments. Le Ministre du Fomento est autoriser à décréter la saisie de tout bateau s'adonnant au trafic extranational ;

5° Décret du 15 mars 1916 étendant aux bateaux de plus de 250 tonnes les prescriptions du décret du 7 janvier ;

6° Real Orden du 16 mars 1917 interdisant aux douanes maritimes du littoral méditerranéen de laisser partir aucun bateau à destination de l'étranger pendant la durée de la crise de l'exportation fruitière, s'il ne justifie pas d'un chargement de fruits frais représentant au moins 10 0/0 du chargement total ;

7° Décret du 16 octobre 1917 réquisitionnant pour le compte du Gouvernement 180.000 tonnes brutes de la flotte marchande en vue de faire face aux nécessités primordiales de la vie économique du pays. L'exécution de cette mesure est confiée à un nouvel organe le « Comité de Trafic maritime », qui hérite des attributions de la « Junte des Transports maritimes », et est composé d'un représentant de chacun des Ministères suivants : Fomento, Marine, Finances, et de deux délégués des armateurs, sous la présidence du Directeur général du Commerce et de l'Industrie ;

8° Real Orden du 5 décembre 1917 excluant de la réquisition les bâtiments chargés d'un service régulier subventionné et les bateaux spécialement affectés au cabotage ;

9° Real Orden du 20 décembre 1917 affectant 250.000 tonnes au trafic de cabotage et chargeant le Comité de Trafic maritime d'organiser ce service en désignant les Compagnies et les bateaux qui devront l'assurer ;

10° Décret du 31 mai 1918 affectant la totalité de la Marine marchande espagnole au transport des marchandises réputées indispensables à la vie économique du pays. Le Commissariat général des Subsistances est autorisé à annuler ou suspendre l'effet des contrats en cours d'exécution, en vue de s'assurer la disposition du tonnage. Le Comité de Trafic maritime reste chargé de l'organisation de cette réquisition générale, mais sa composition est élargie par l'admission de trois nouveaux membres représentant respectivement l'Association générale des Armateurs espagnols, l'Association des Armateurs et consignataires de Barcelone, l'Association nationale des Armateurs. Le Comité désignera les bateaux à affecter aux services du Ravitaillement, fixera les frets correspondant à leurs chargements, organisera les lignes de cabotage, statuera sur les réclamations des armateurs ;

11° Décret du 29 décembre 1918 étendant à tous les bateaux marchands, sans distinction de tonnage ou de catégorie, les dispositions des décrets des 7 janvier 1916 et 15 mars 1917 ; toutefois les aliénations de bâtiments inférieurs à 250 tonnes pourront être autorisées par la Direction générale du Commerce, mais entre Espagnols seulement ;

12° Real Orden du 18 février 1919 restreignant la portée du décret 1918 et mettant à la disposition du Ministère des Ravitaillements 150.000 tonnes seulement, affectées au transport des blés et des charbons étrangers « ainsi qu'à l'importation des articles qu'à un moment ou dans des circonstances déterminées, le Ministre des Ravitaillements jugerait nécessaires » ;

13° Note du 9 juin supprimant l'obligation pour les bateaux en partance de produire l'autorisation du Comité de Trafic maritime ;

14° Décret du 12 juin autorisant la vente à l'étranger des voiliers de moins de 500 tonnes, sous réserve que le propriétaire ou vendeur qui aurait touché de l'État une prime à la construction, restitue à celui-ci les sommes prévues à l'article 23 de la loi du 14 juin 1909.

IMPRIMERIE CHAIX, RUE BERGÈRE, 20, PARIS. — 12873-6-19. — (Encre Lorilleux).

www.ingramcontent.com/pod-product-compliance
Ingram Content Group UK Ltd.
Pitfield, Milton Keynes, MK11 3LW, UK
UKHW020410220726
13923UKWH00004B/1856